Animali Fantastici

—LiBRO DA COLORARE PER ADULTi—

Copyright © 2020 Libro da Colorare Kim

Libro da colorare per adulti con motivi animali
disegnati a mano in stile mandala

ISBN: 9798680007082

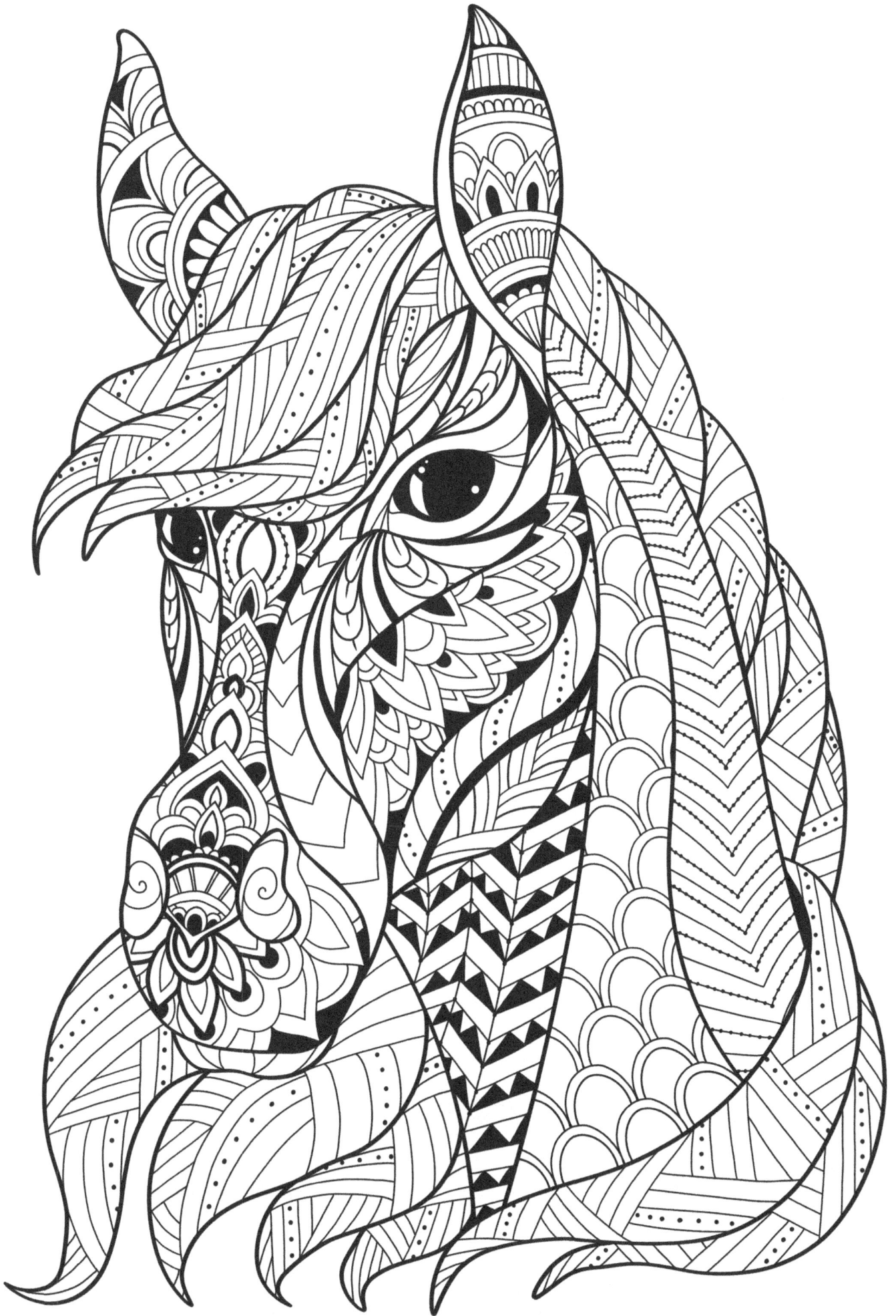

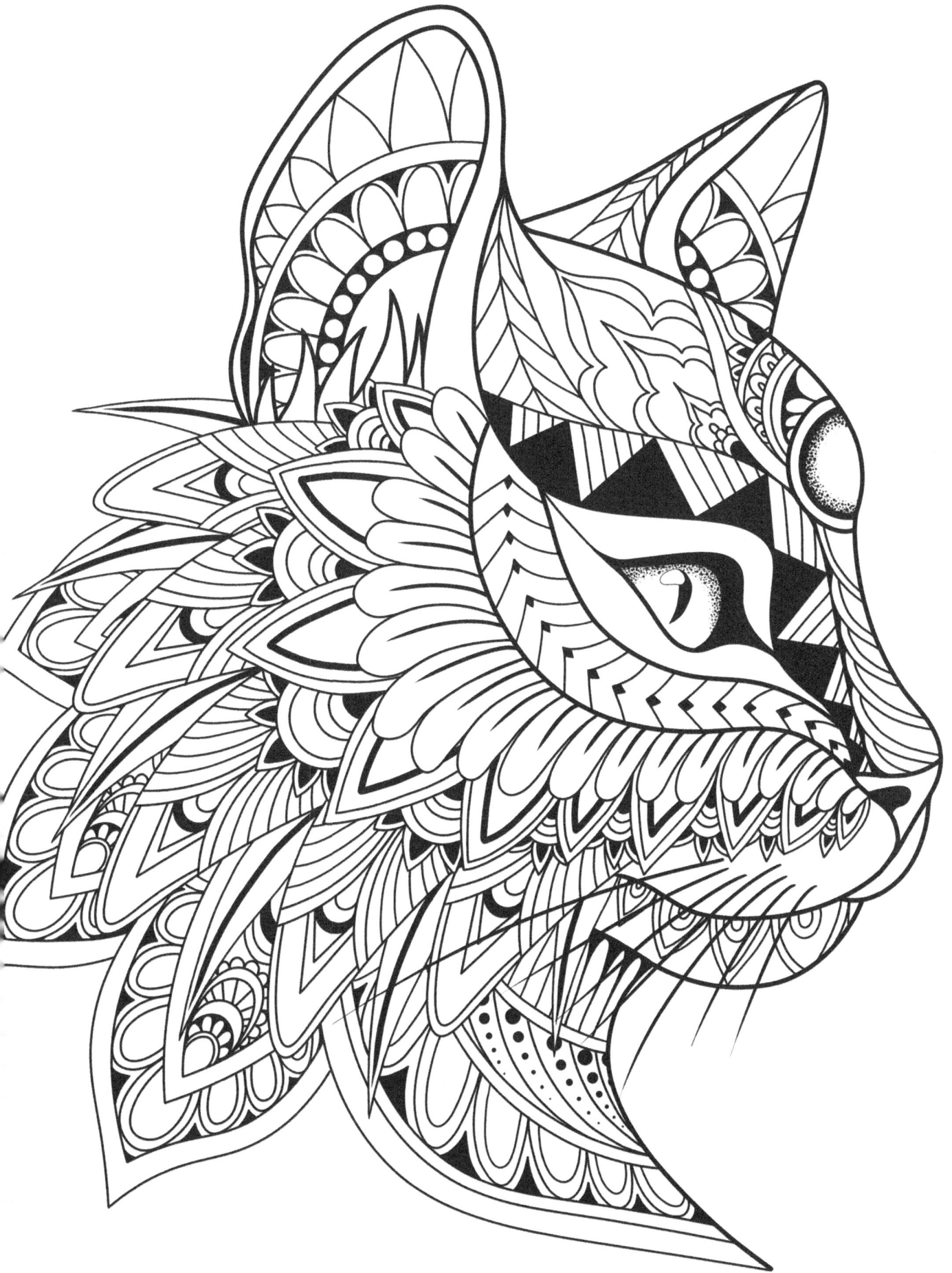

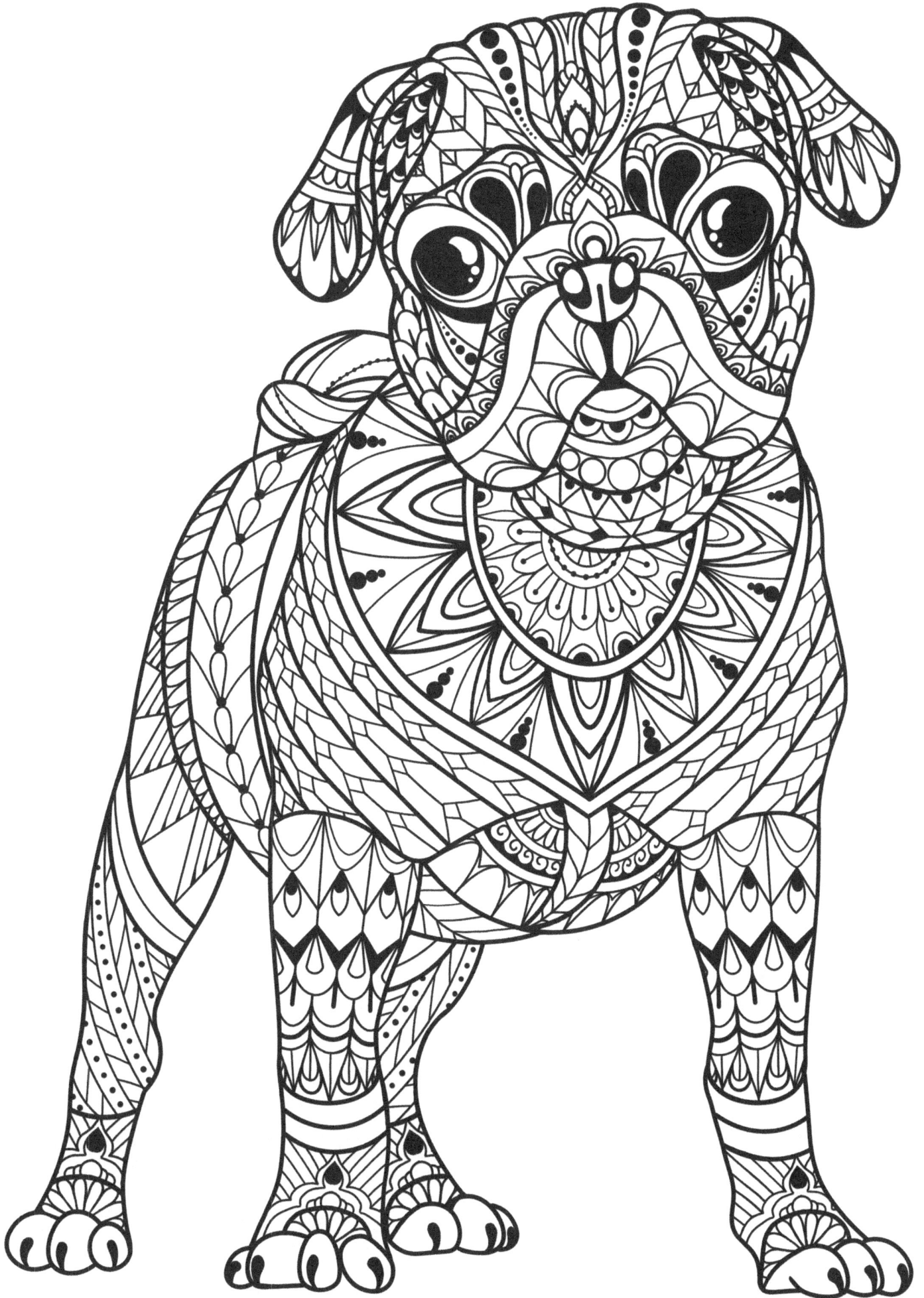

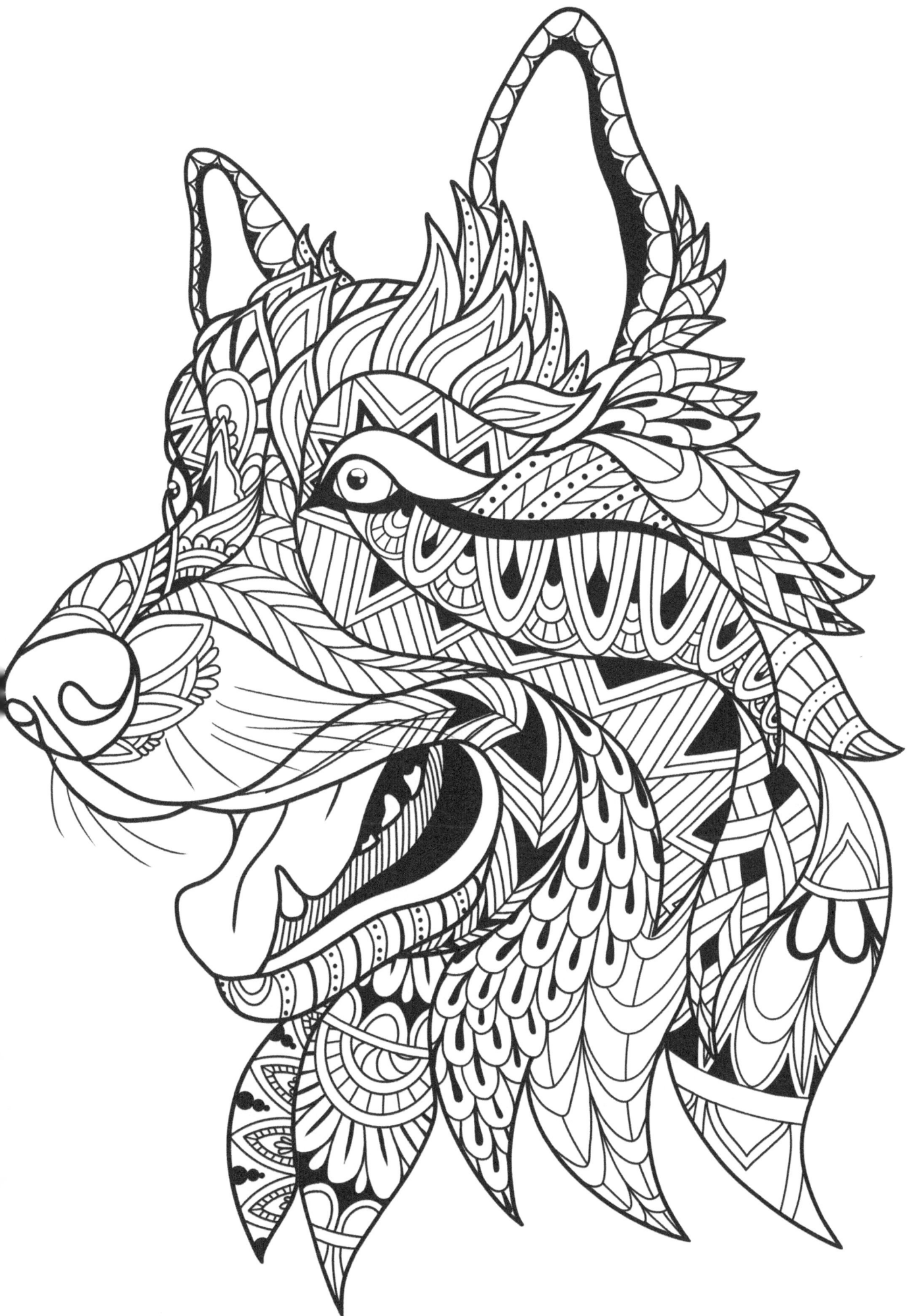

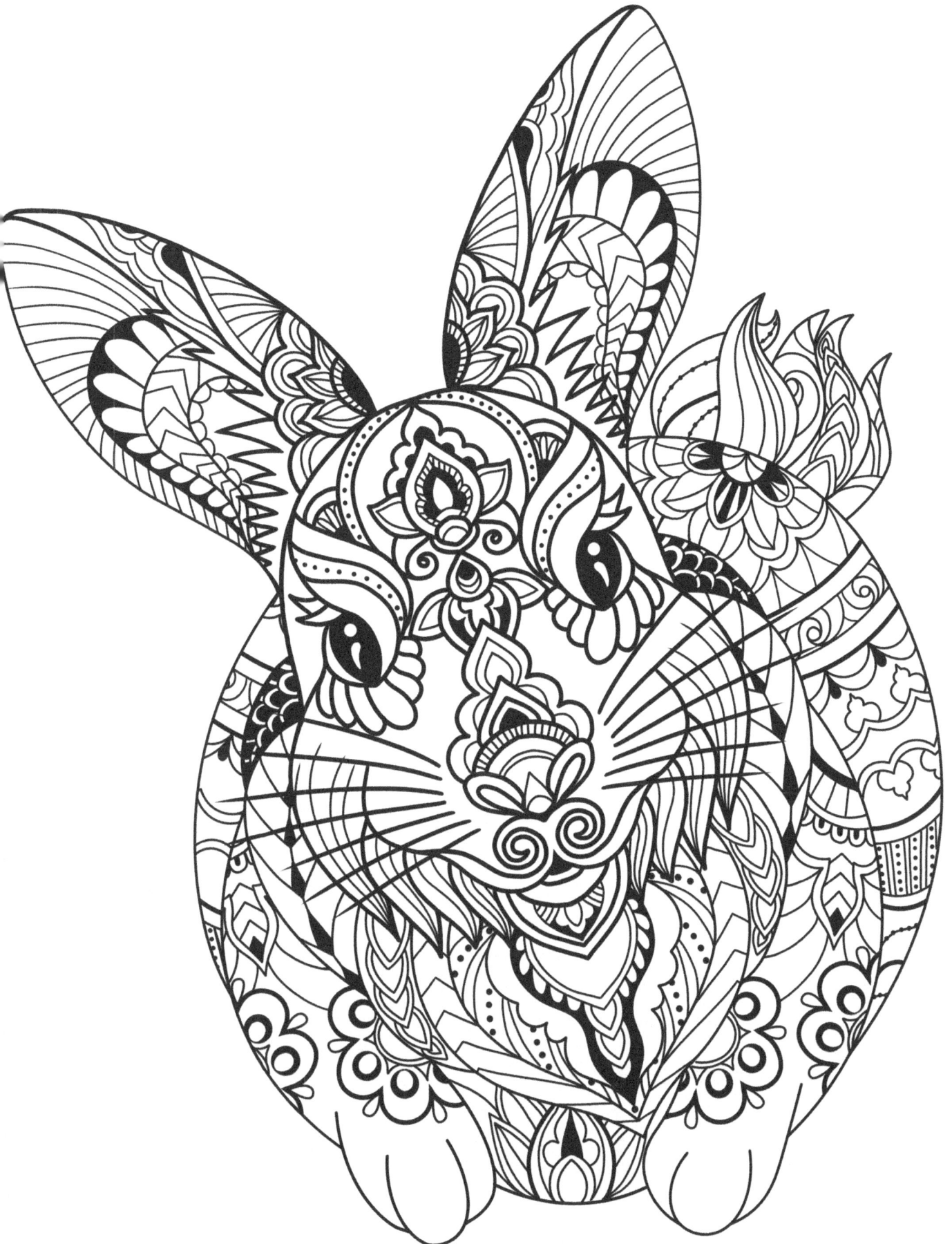

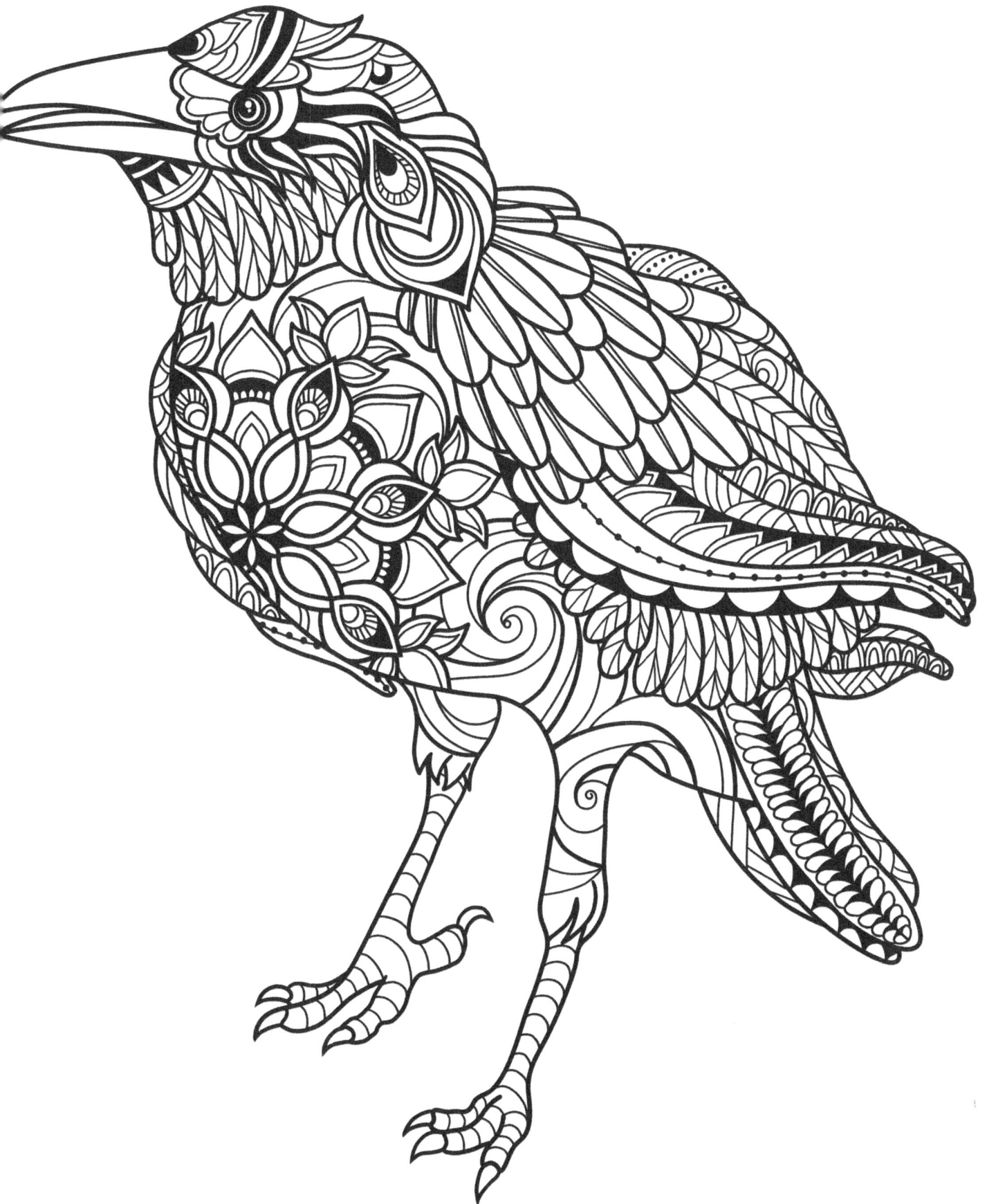

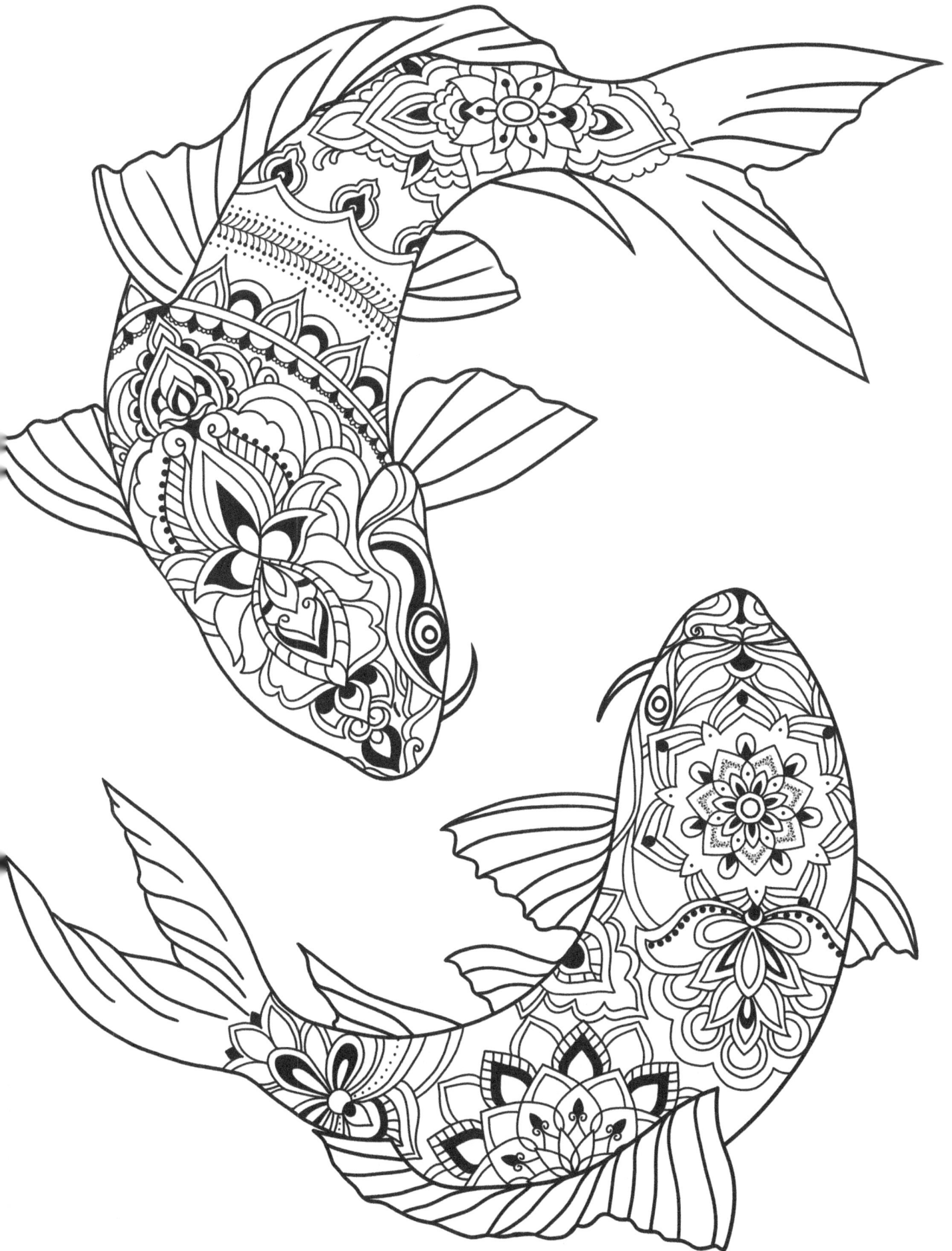

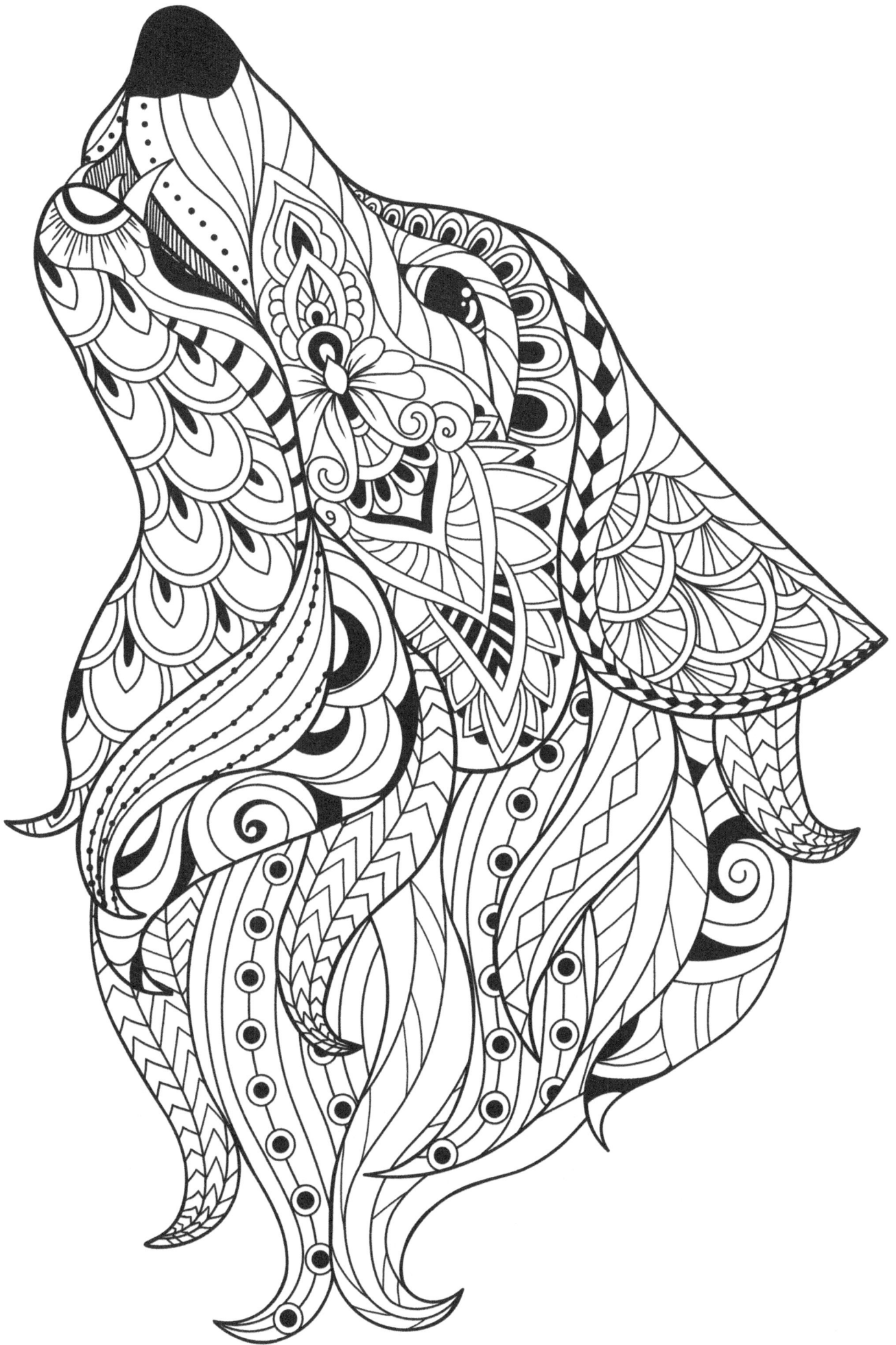

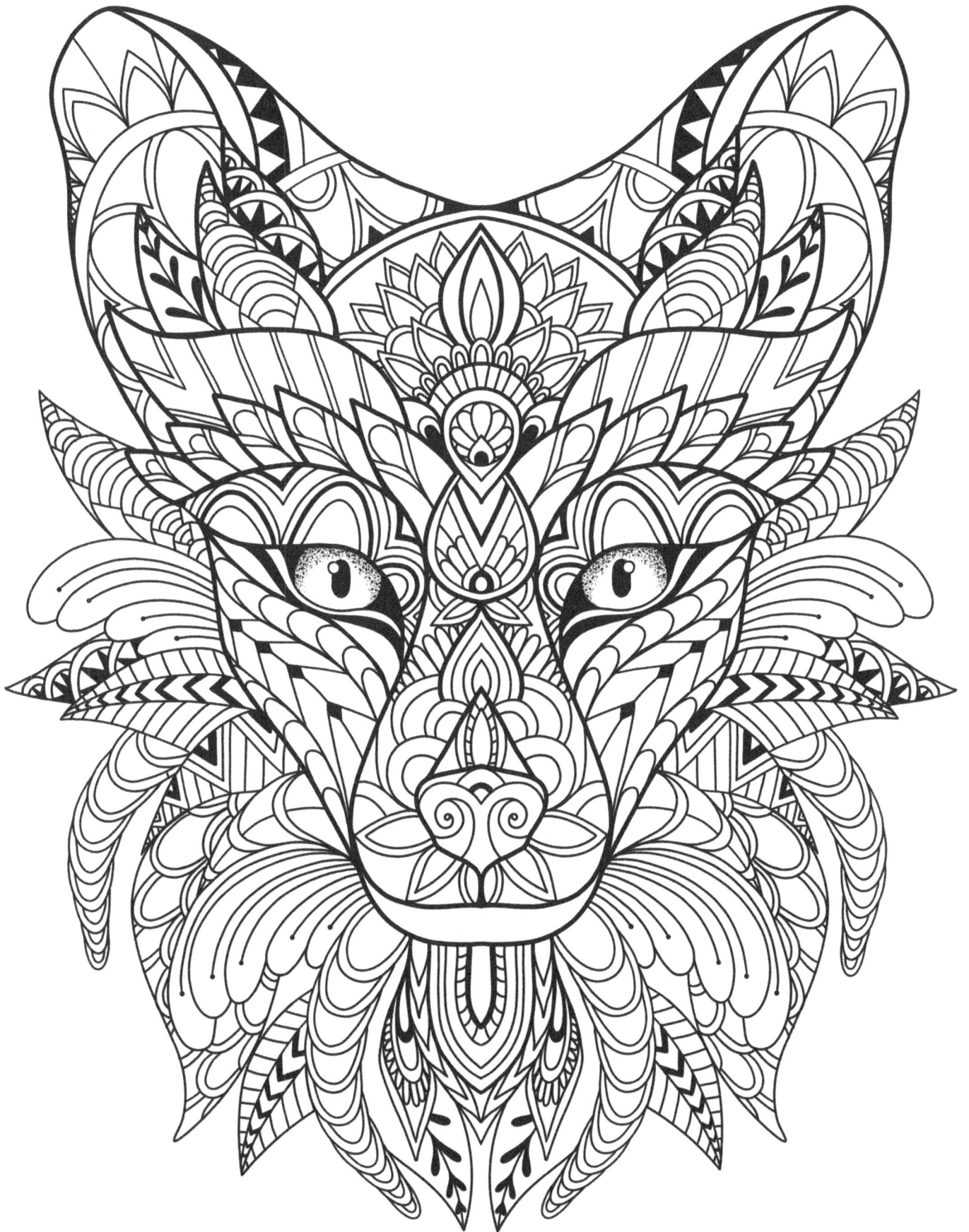

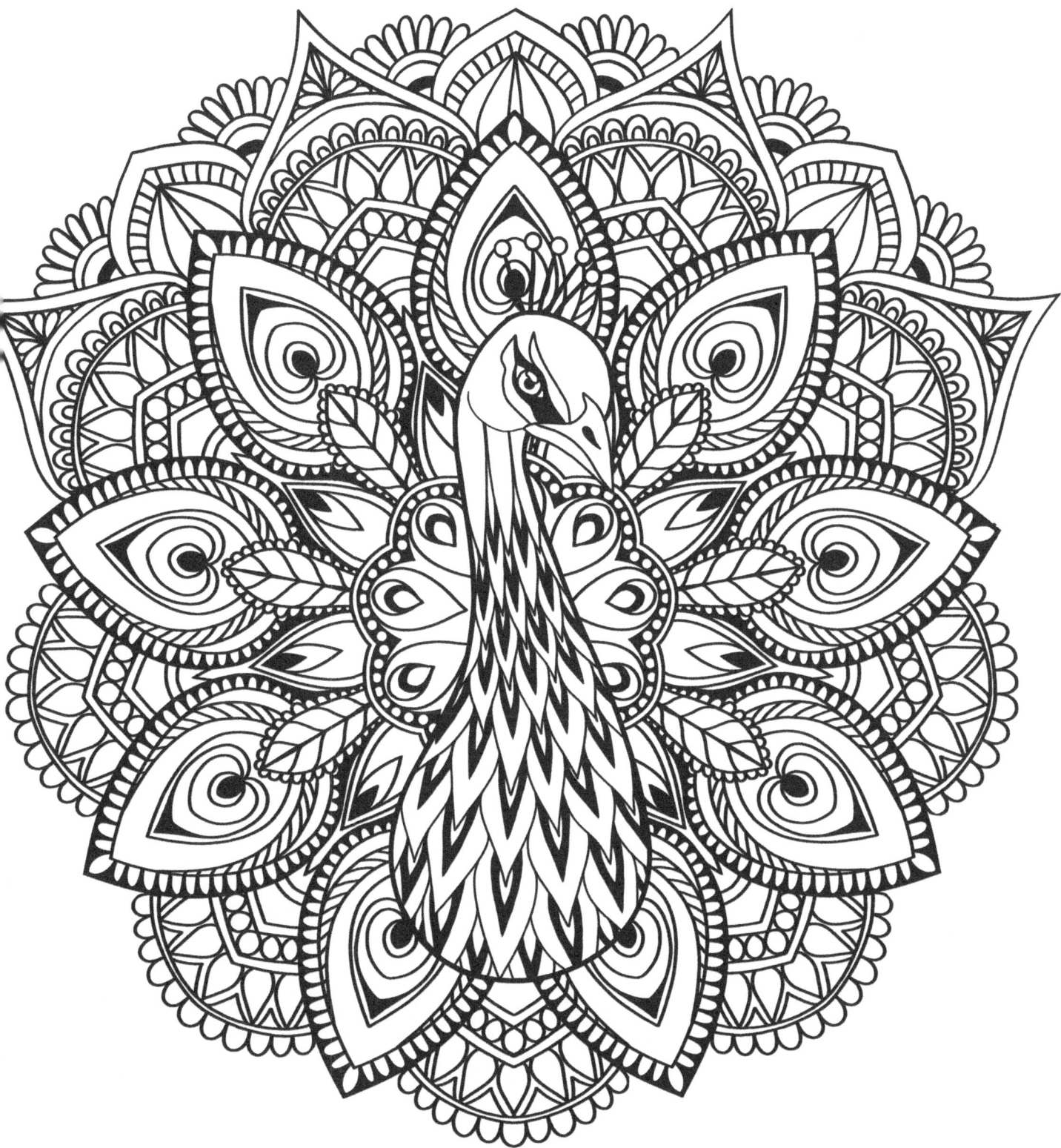

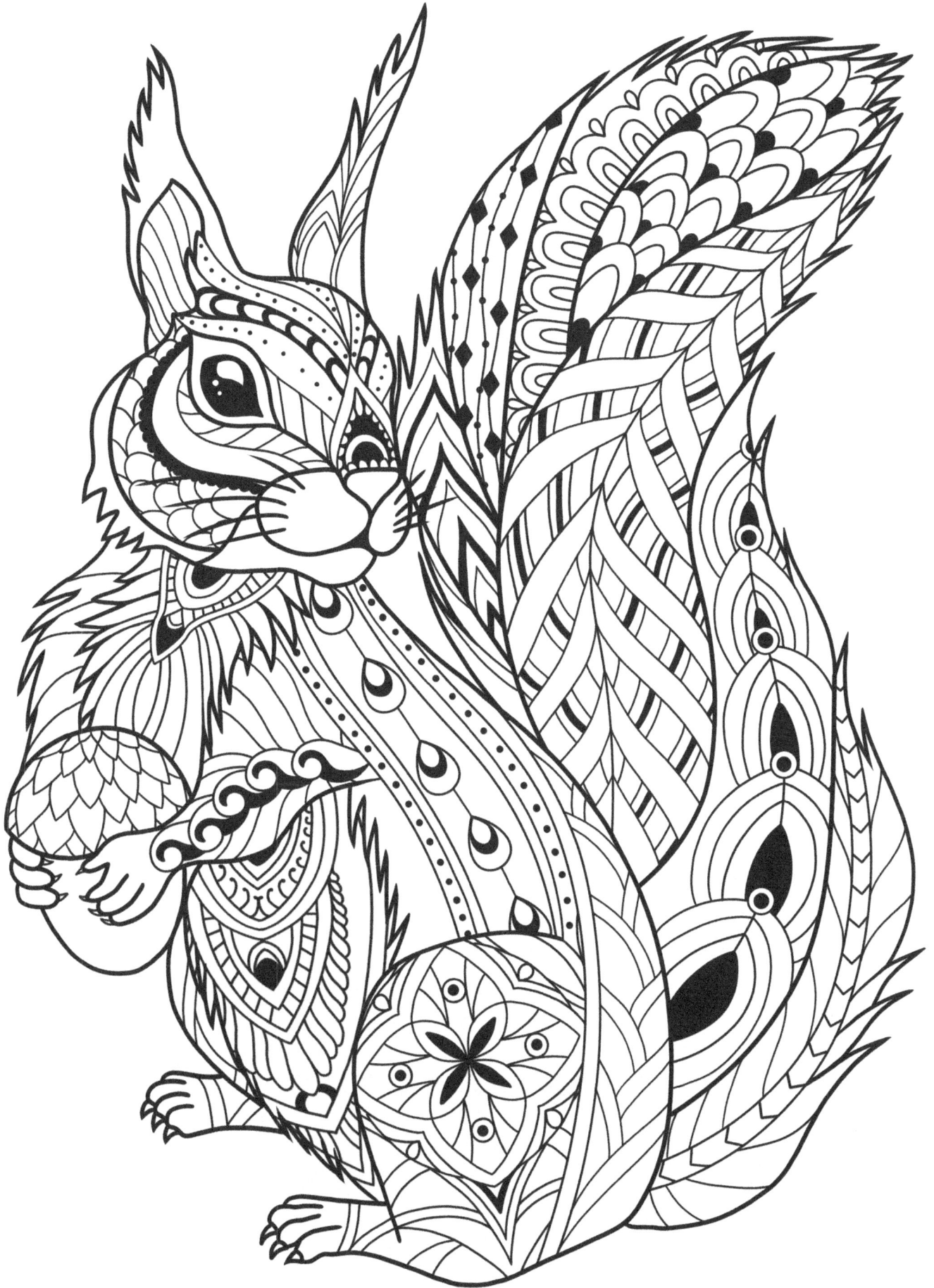

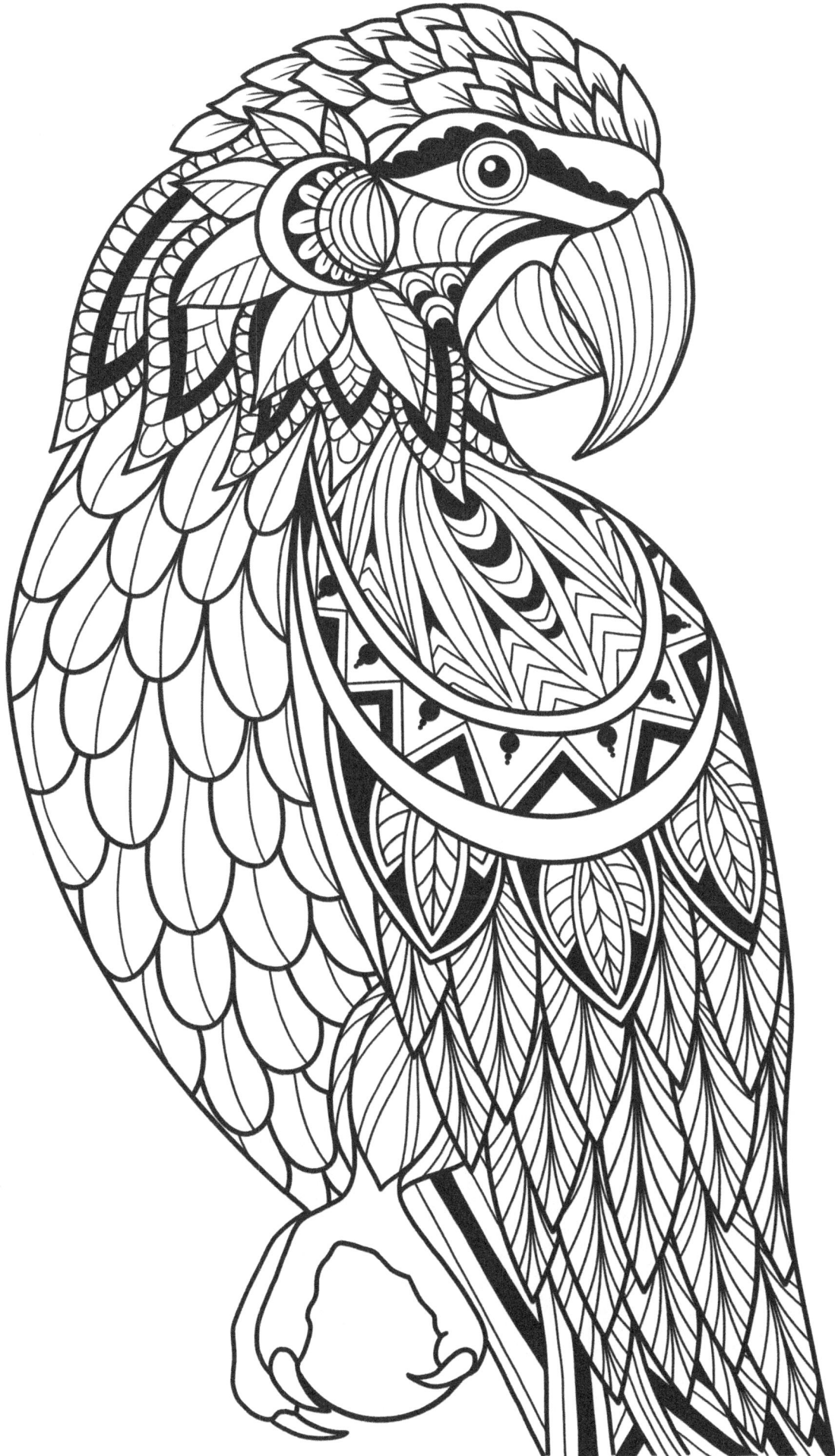

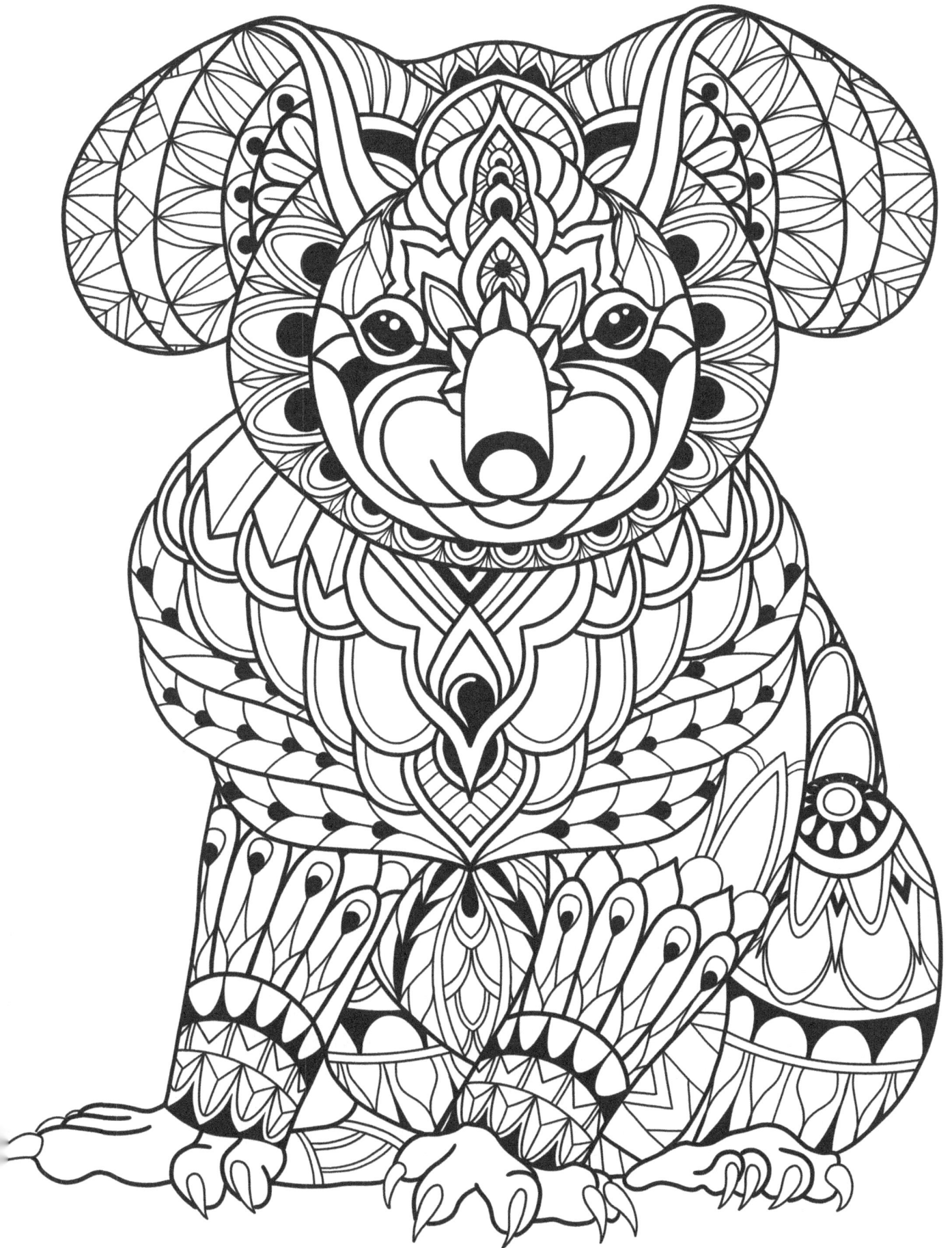

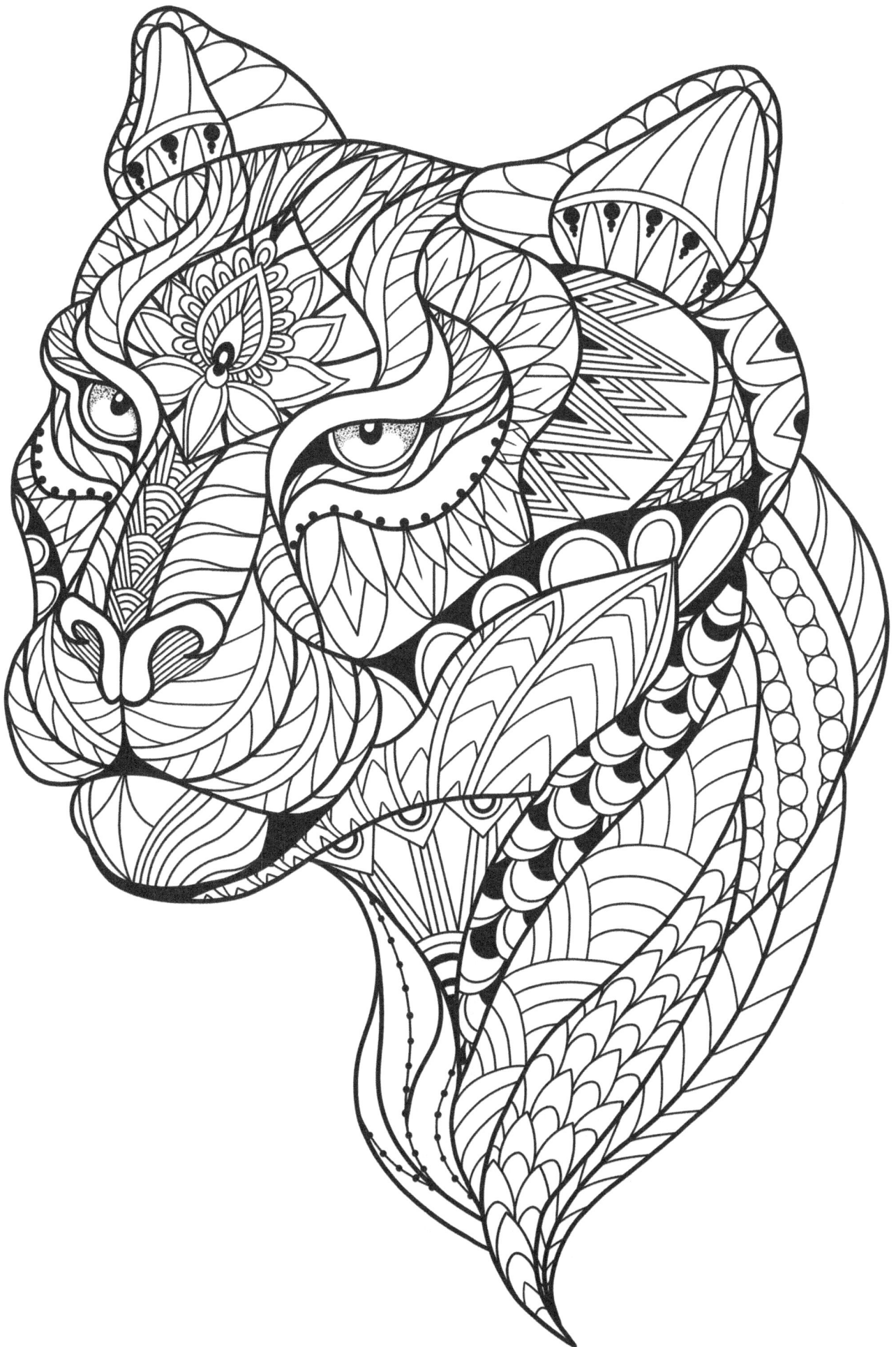

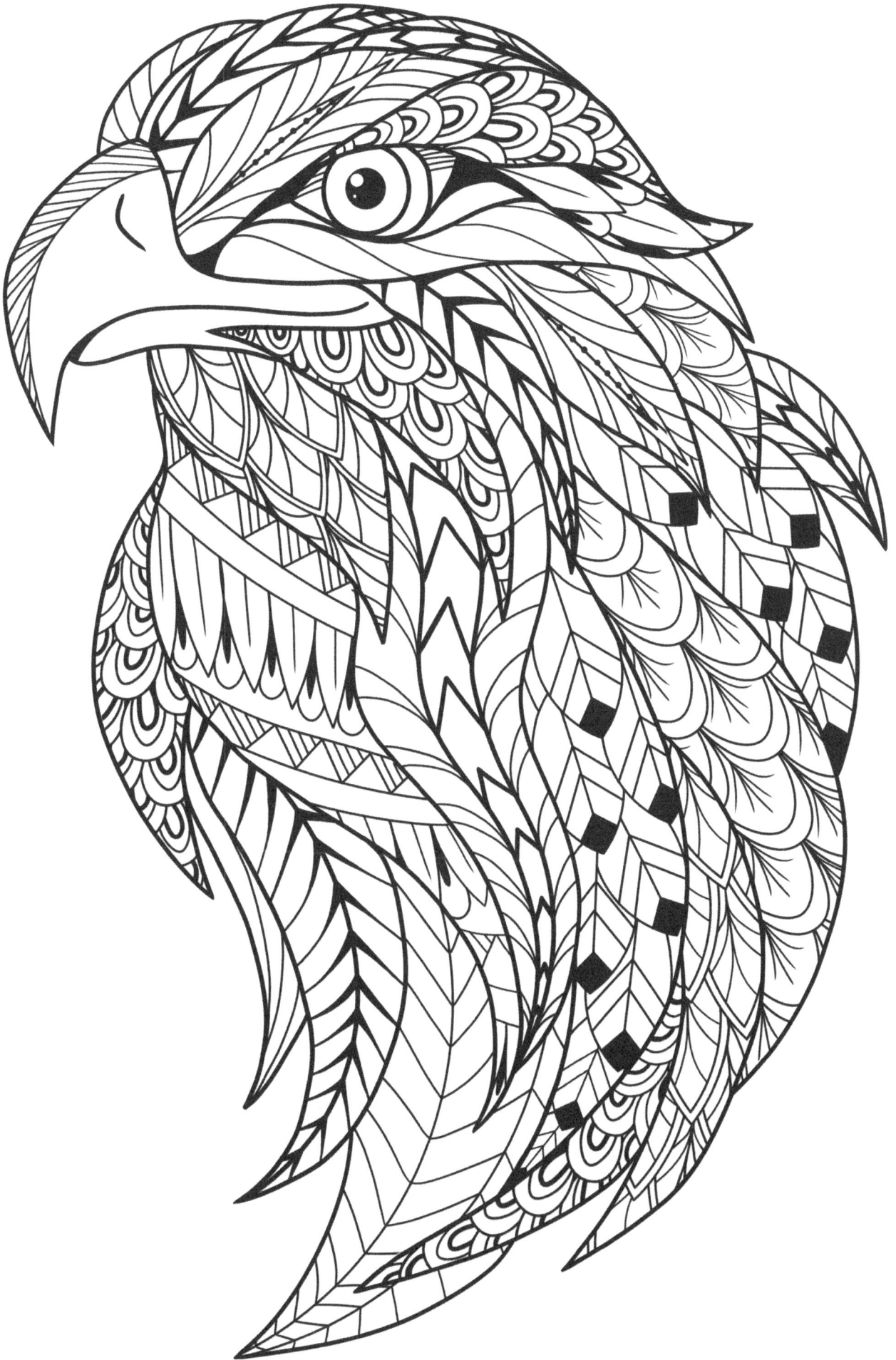

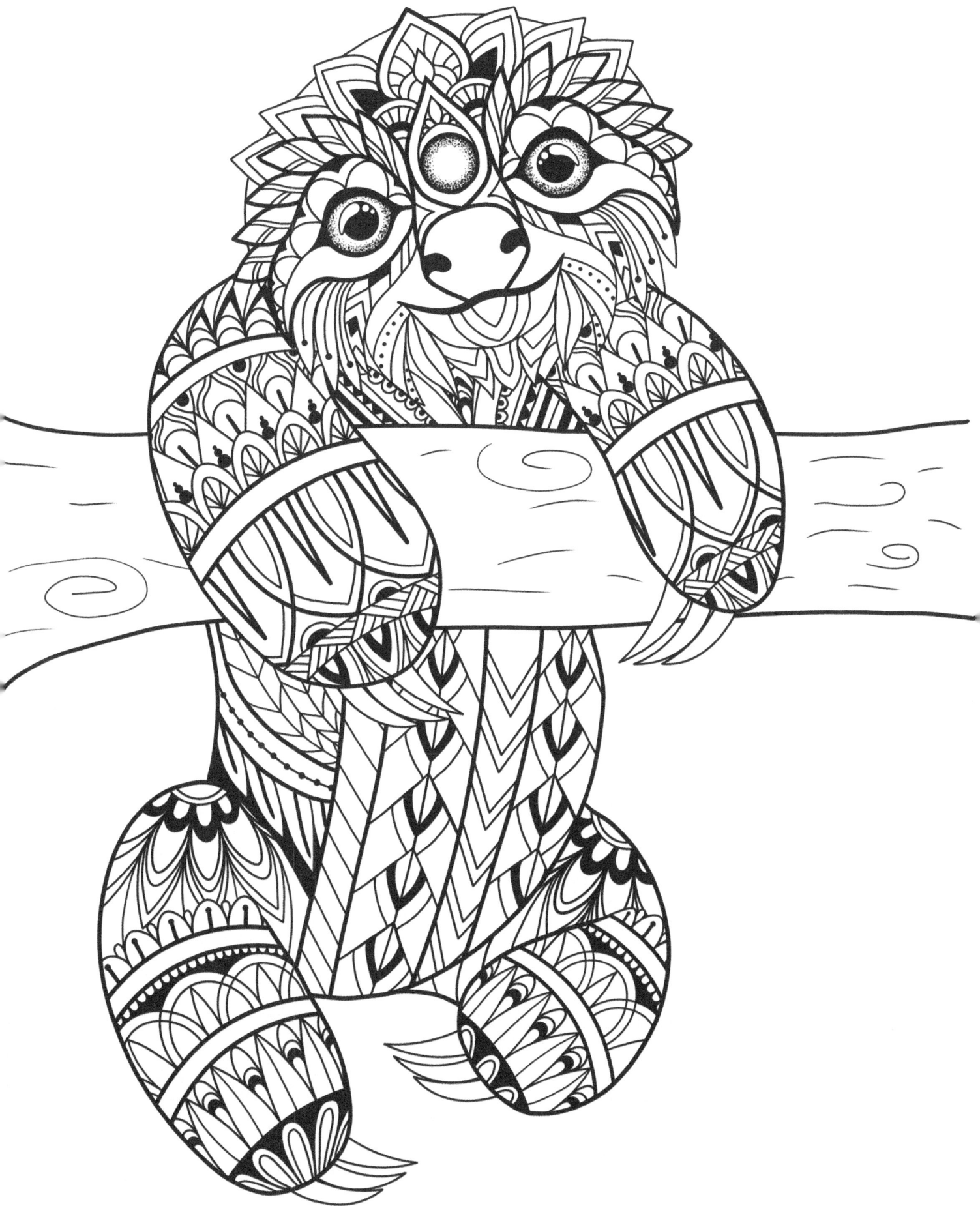

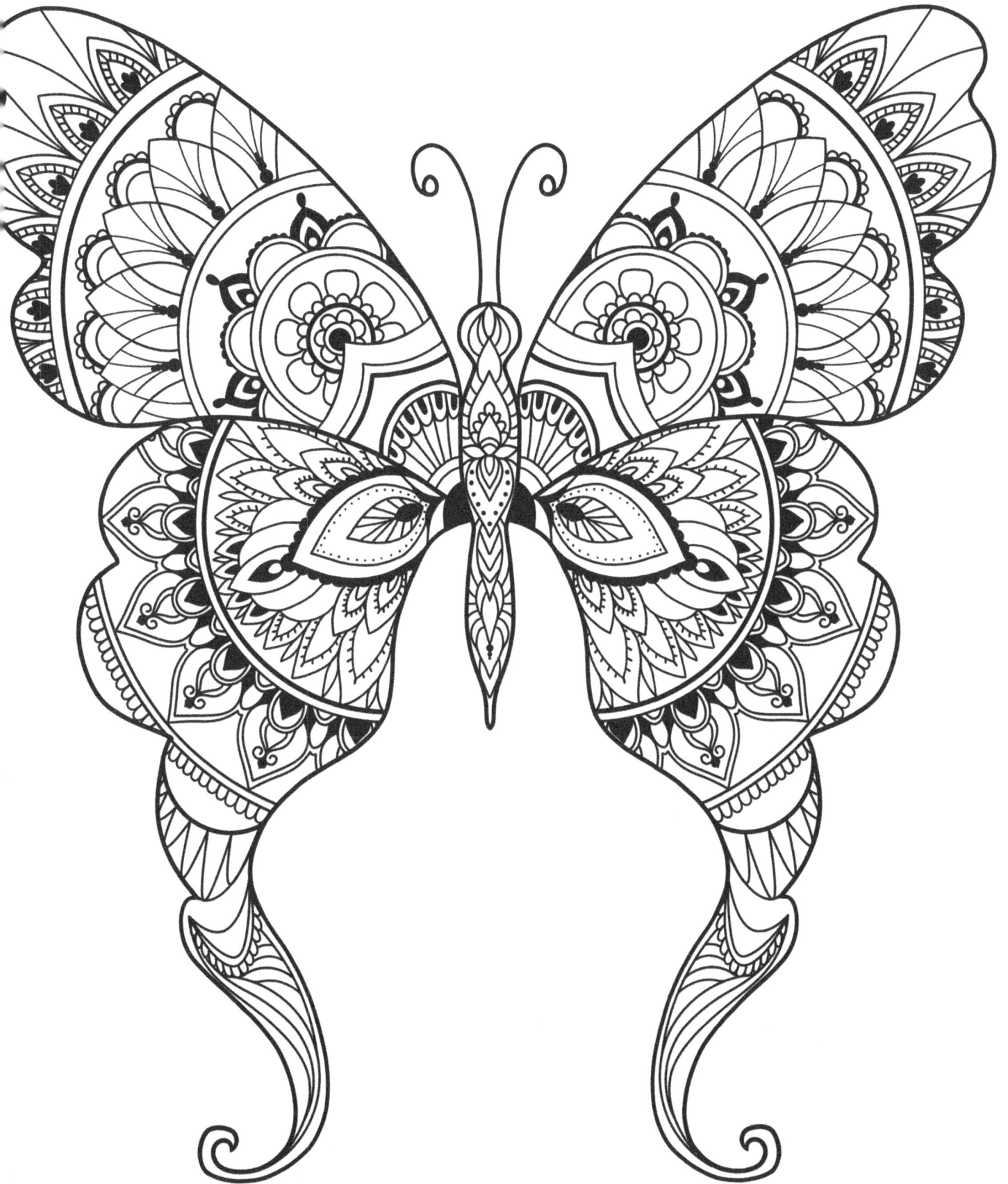

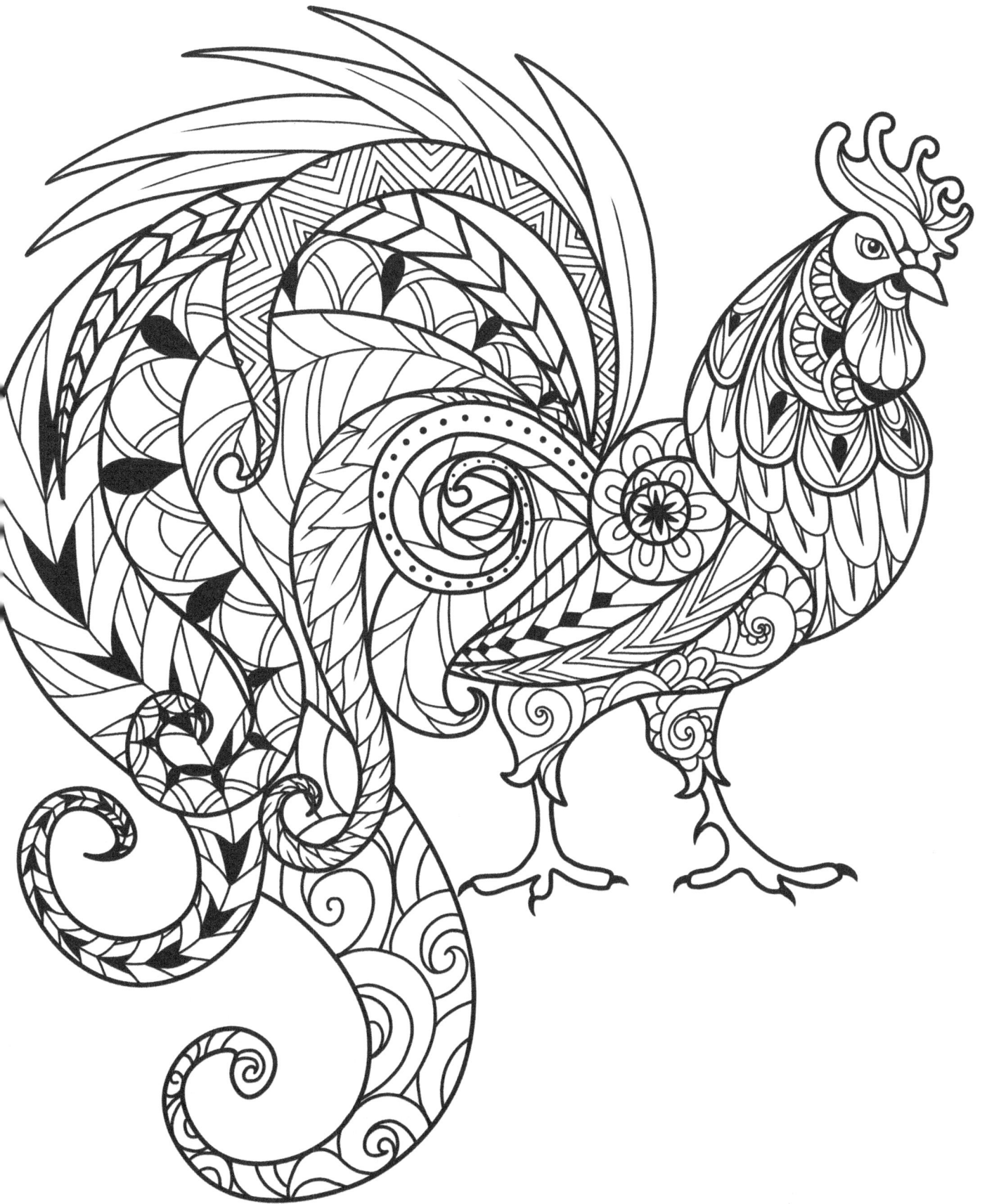

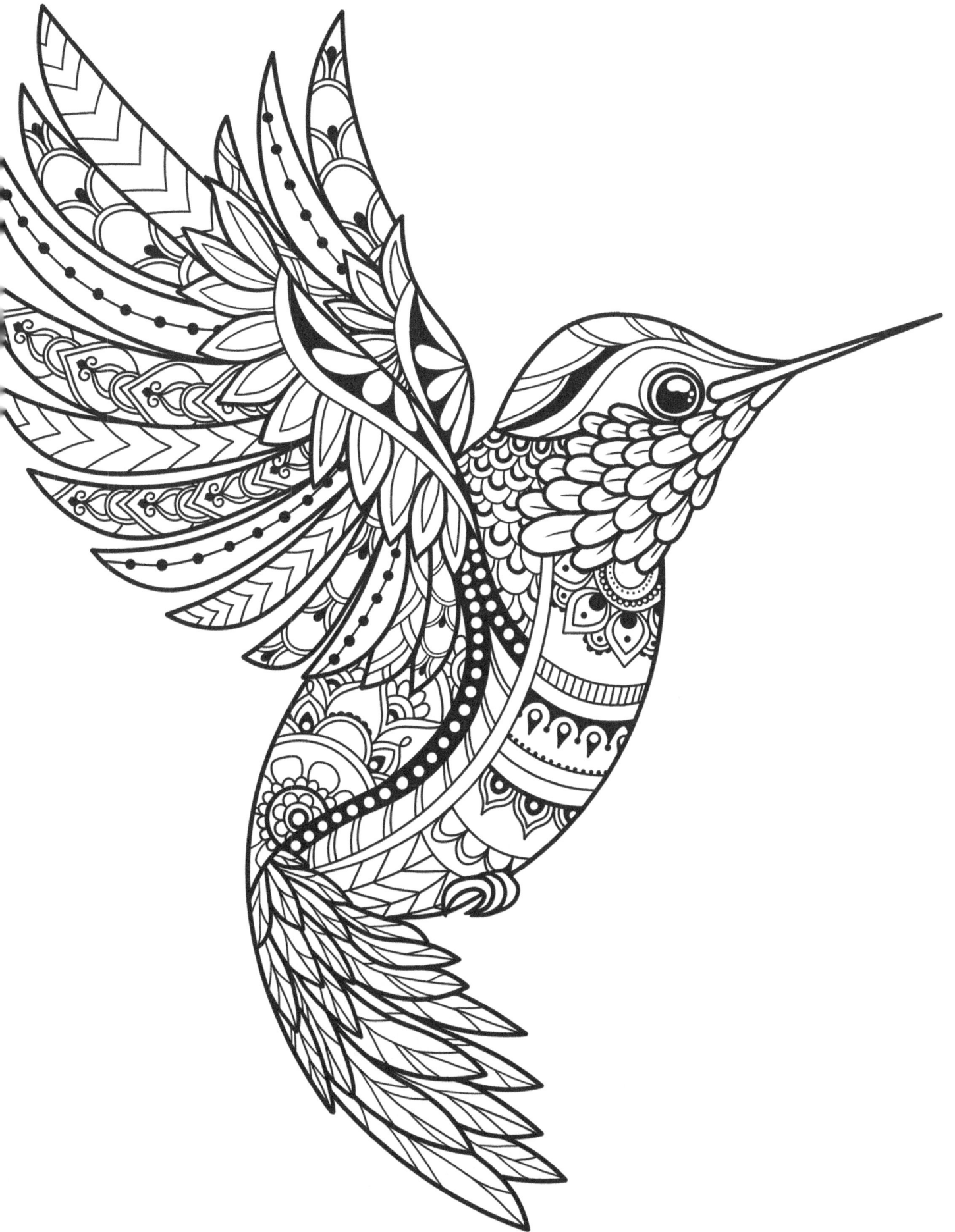

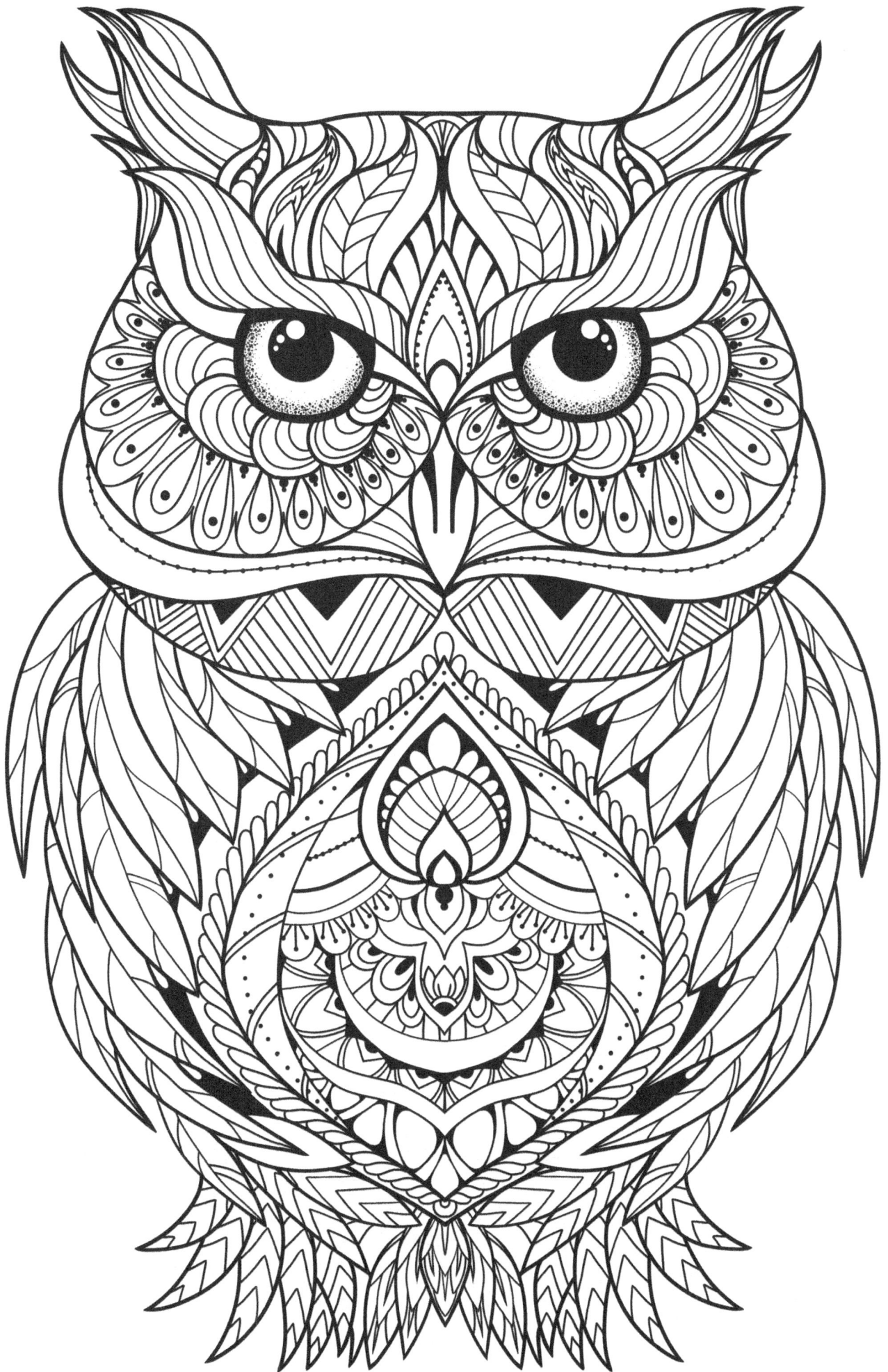

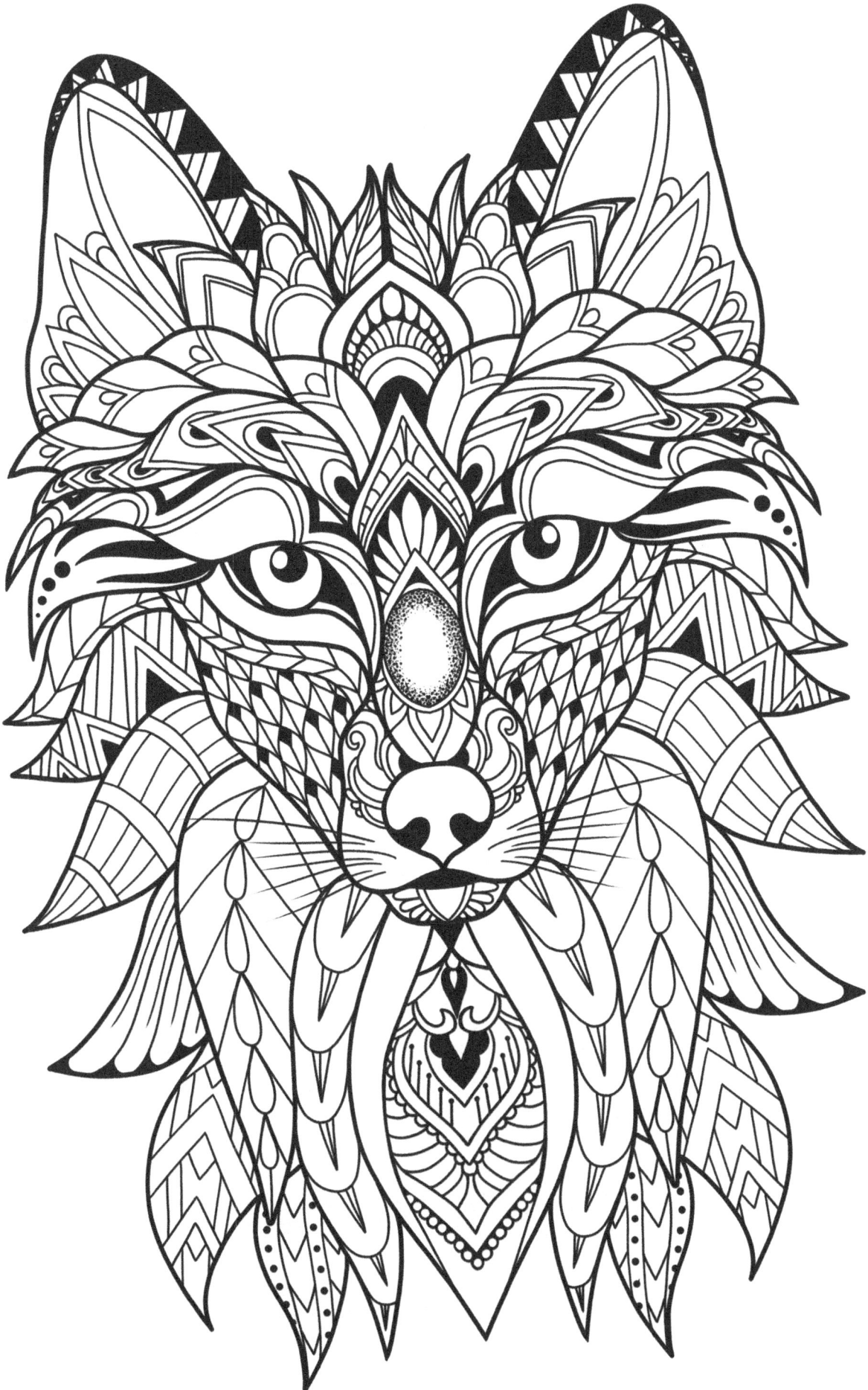

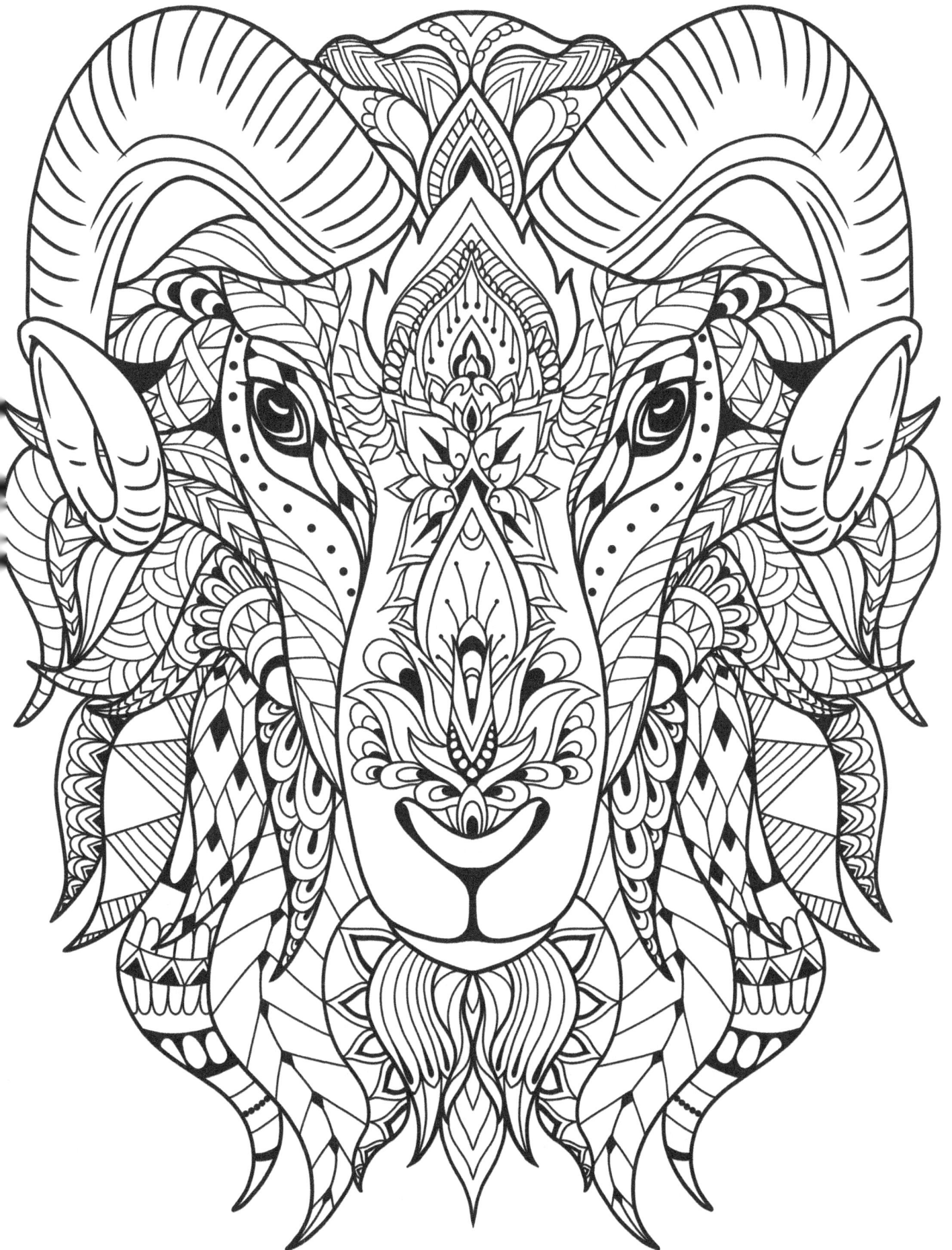

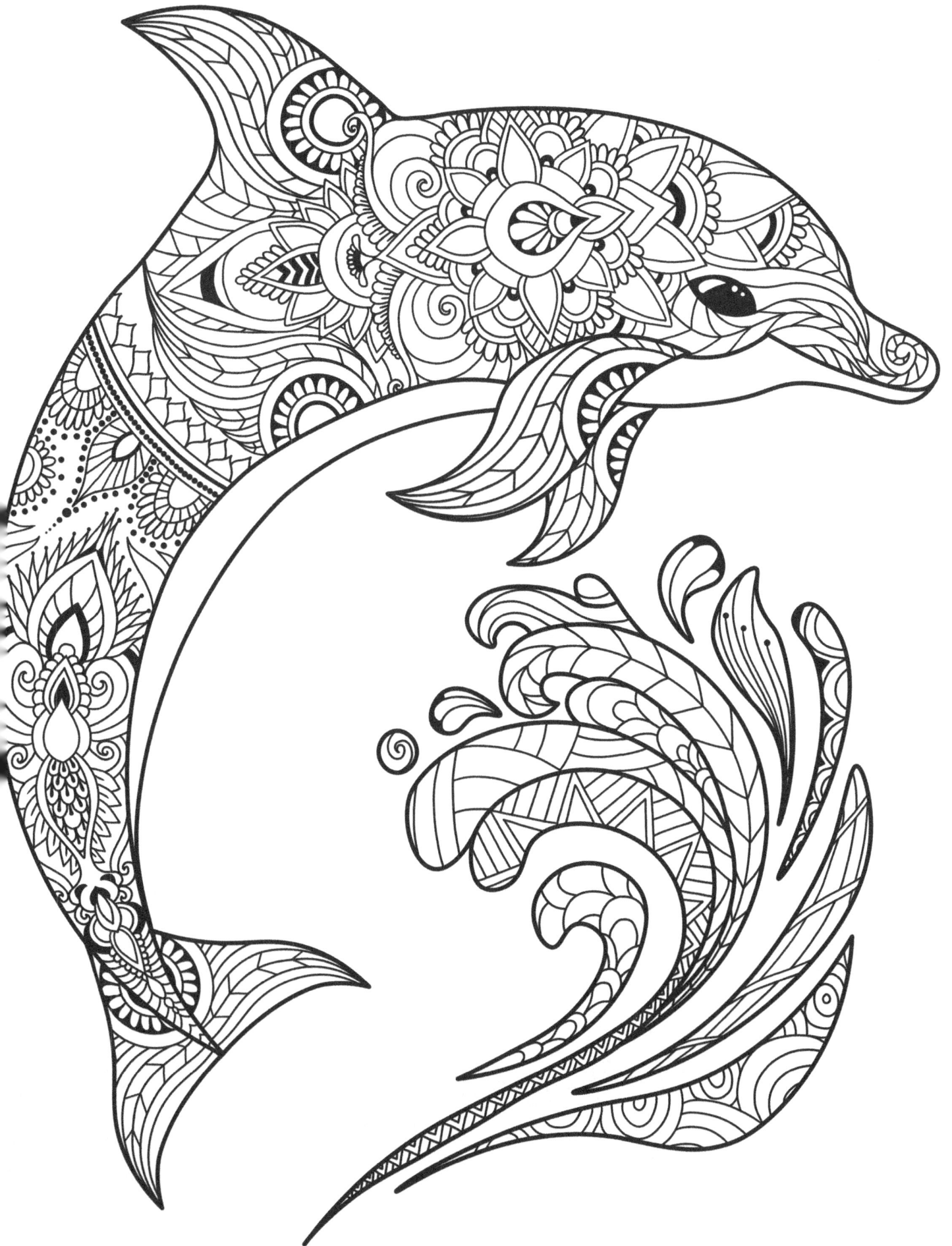

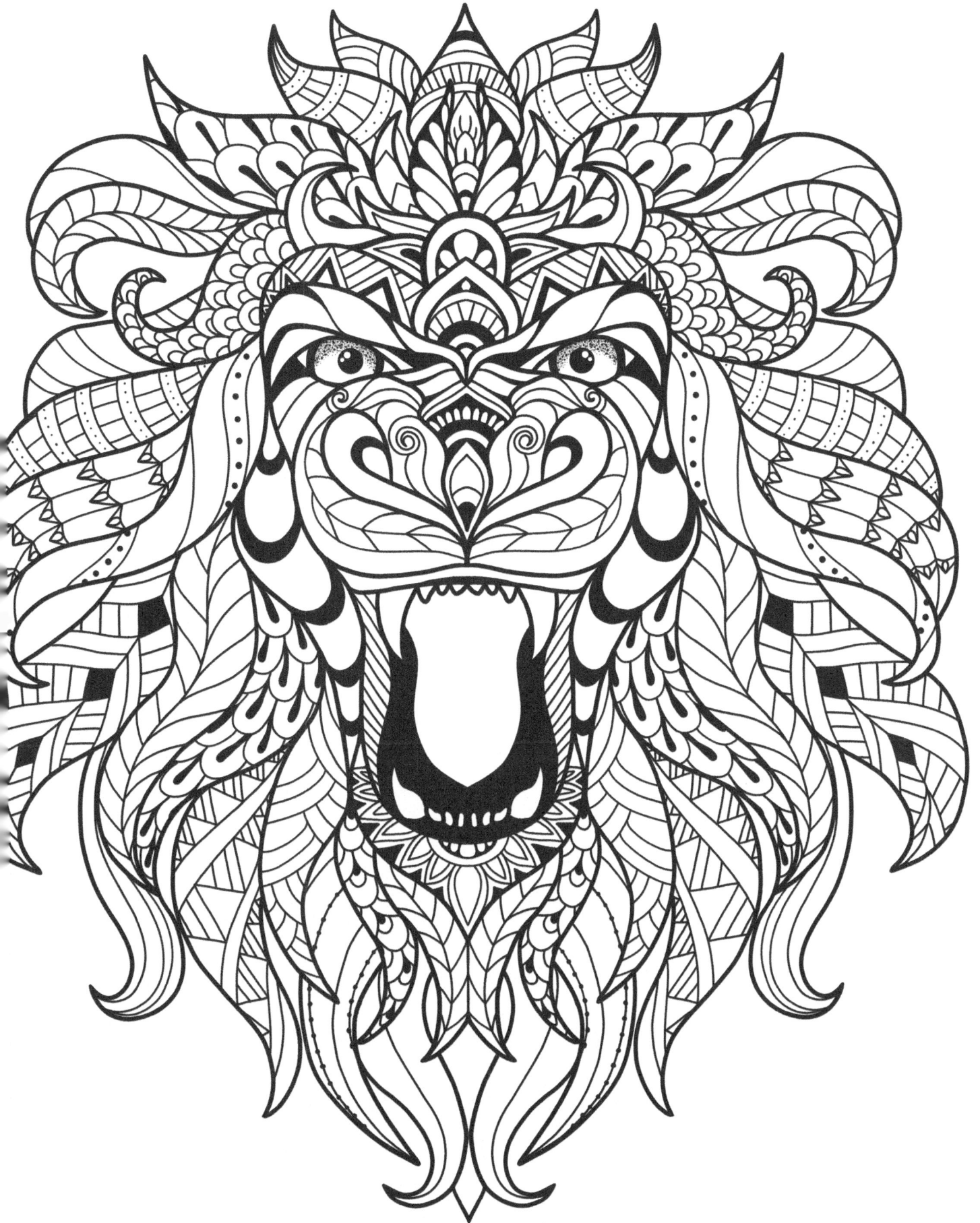

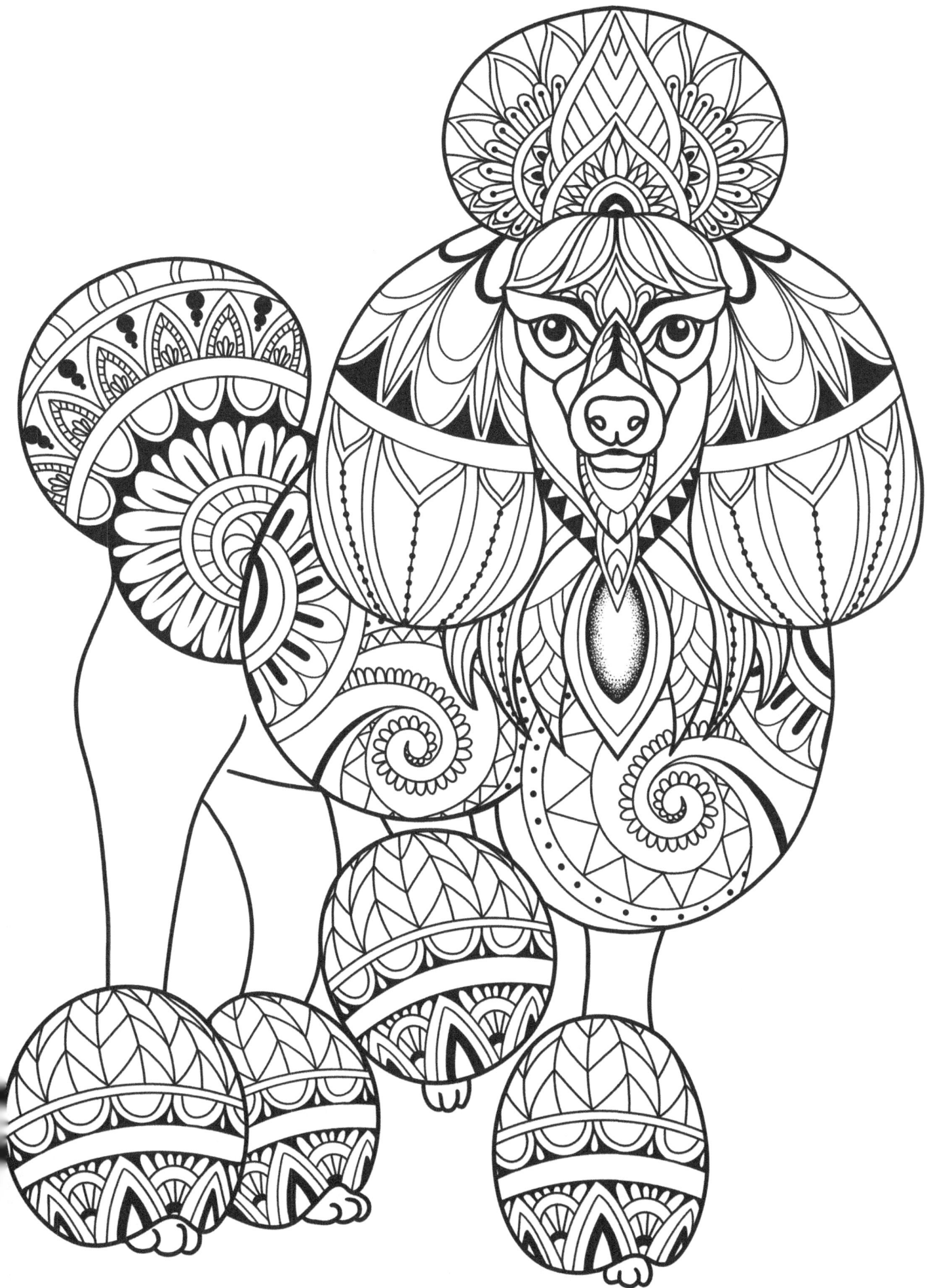

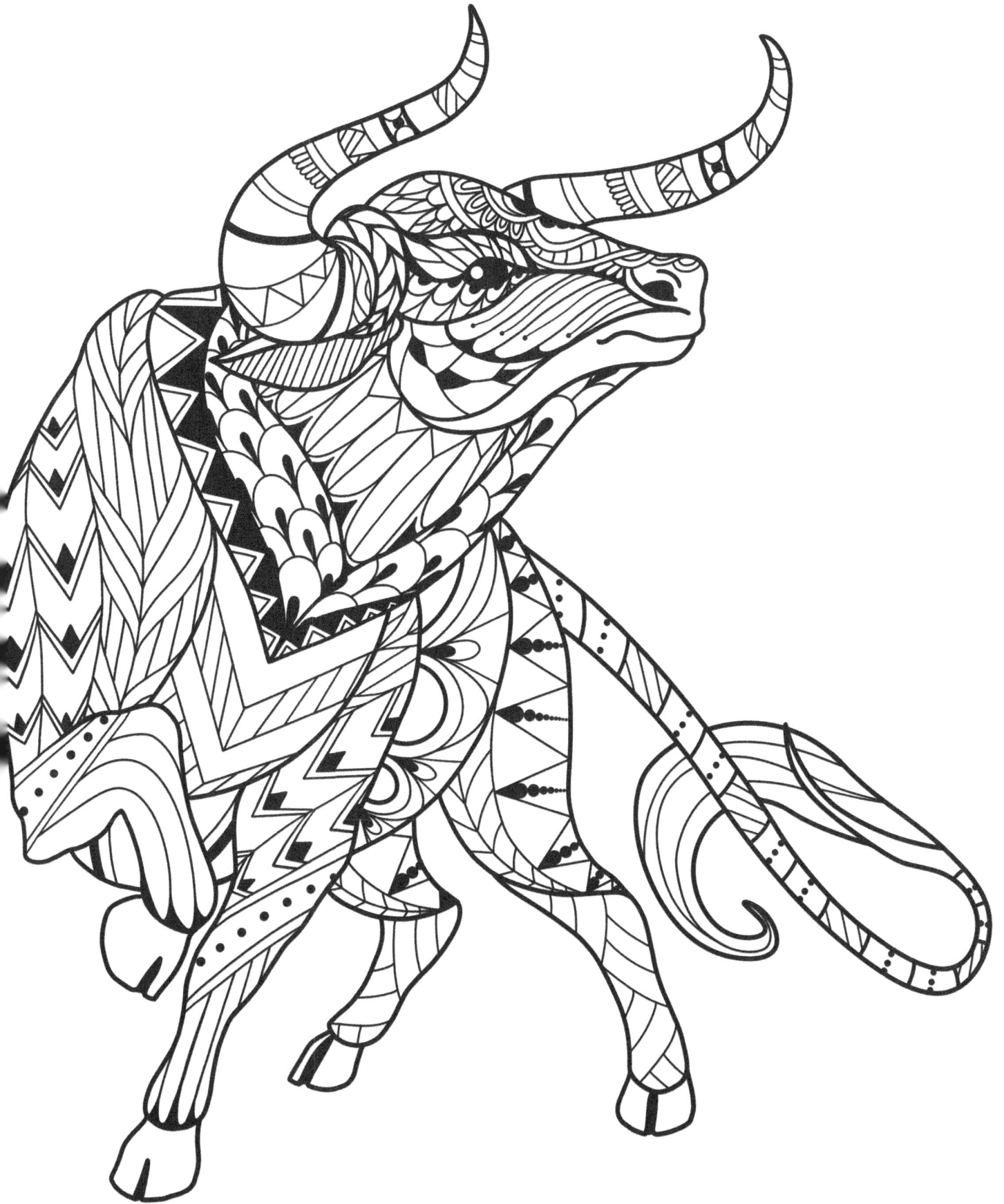

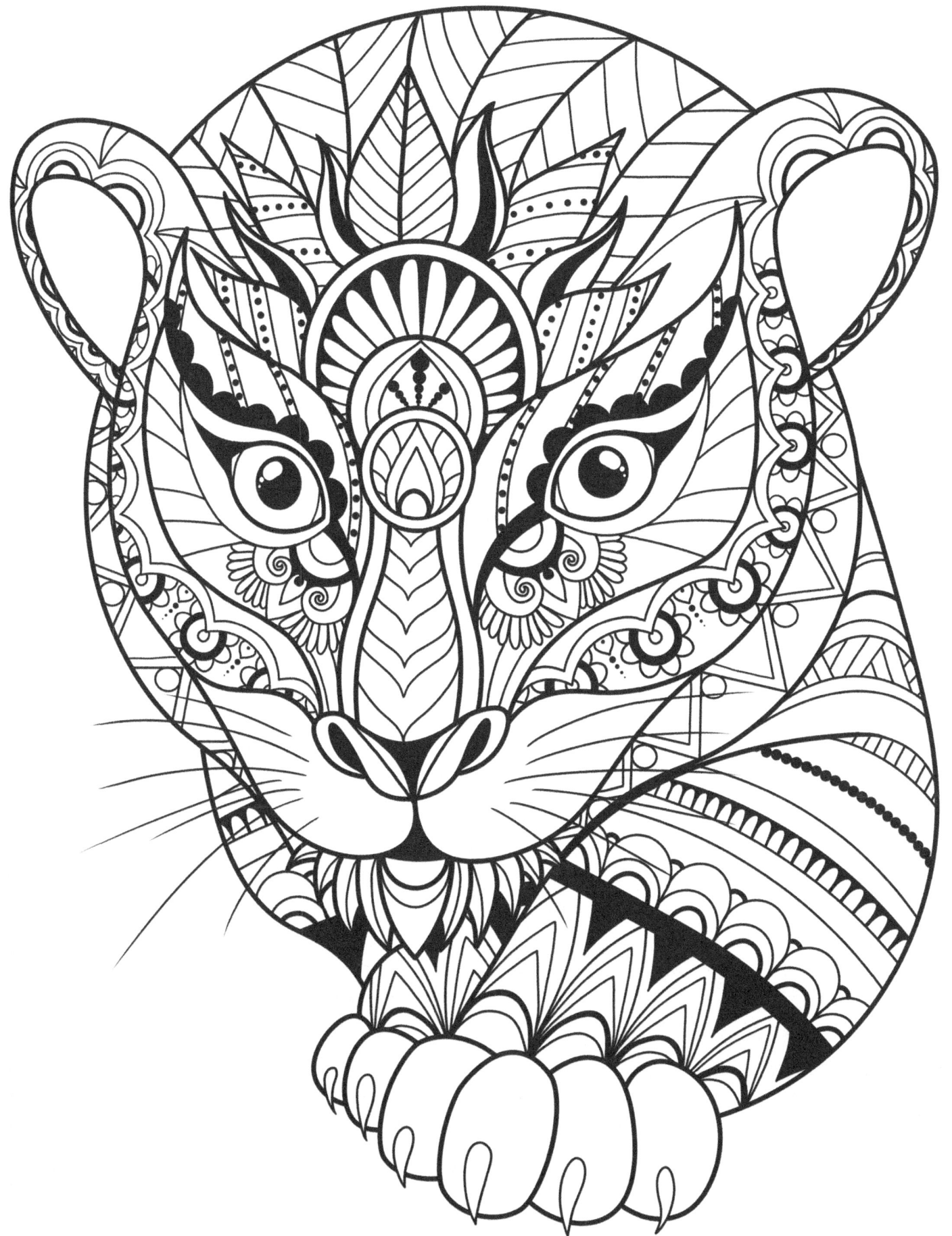

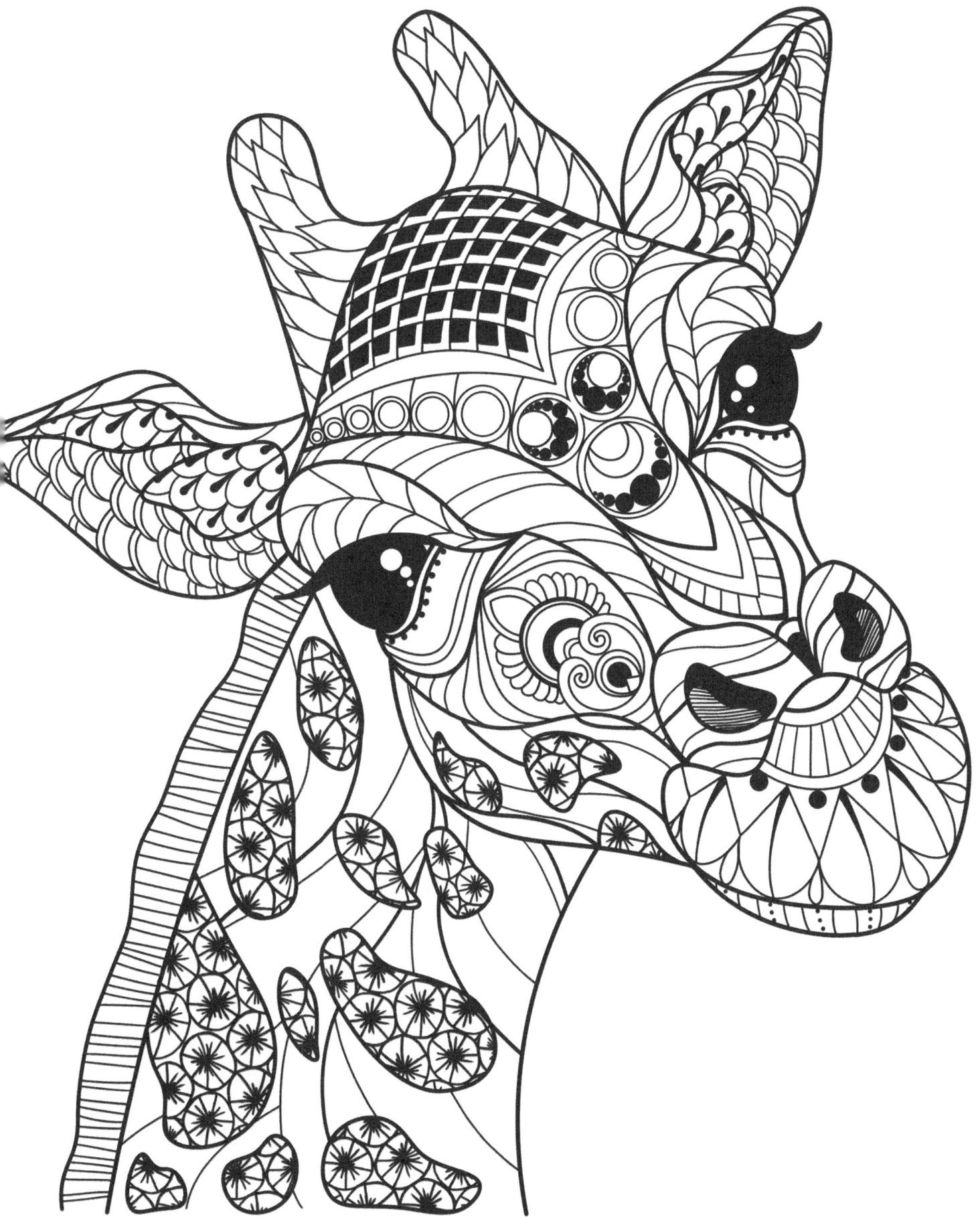

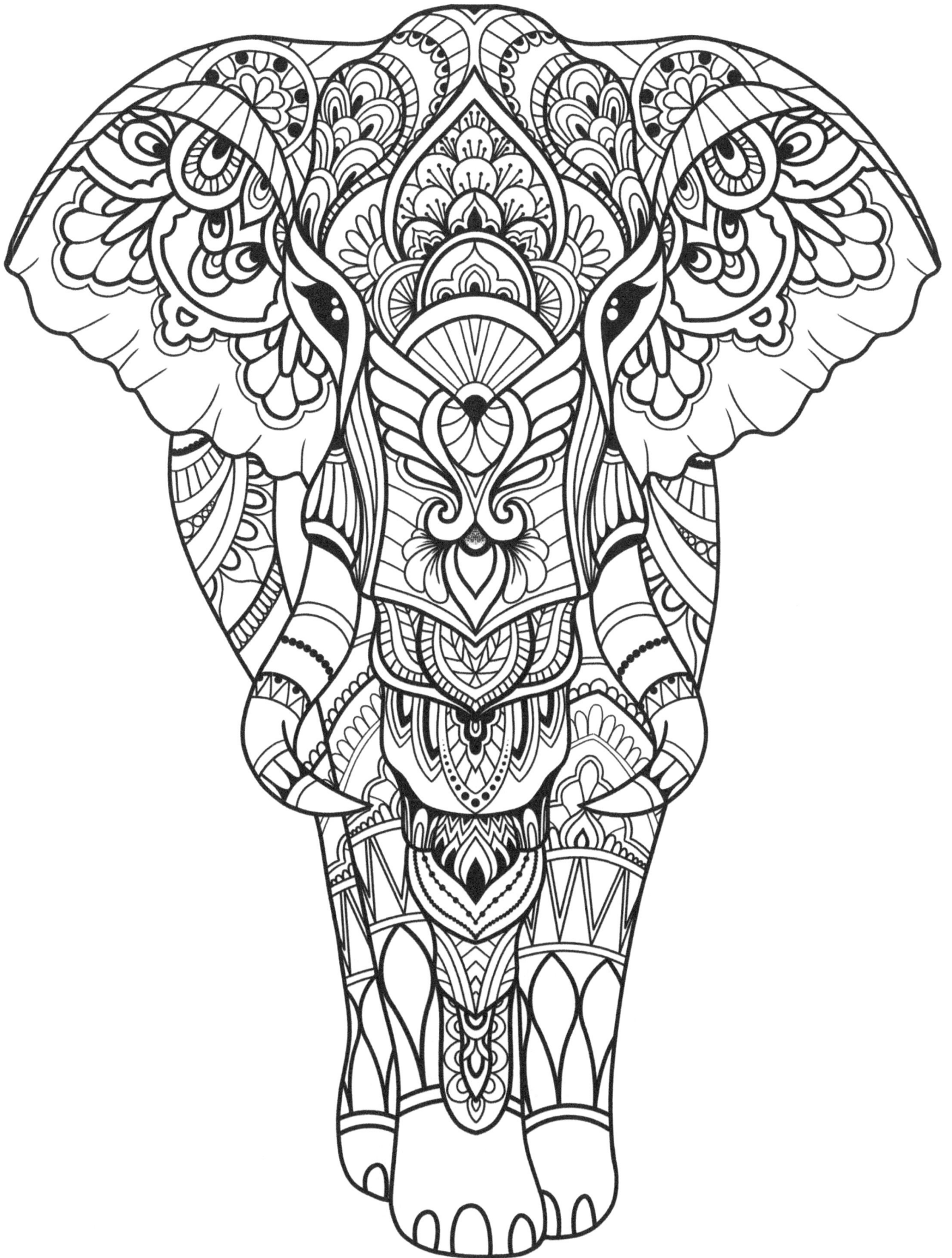

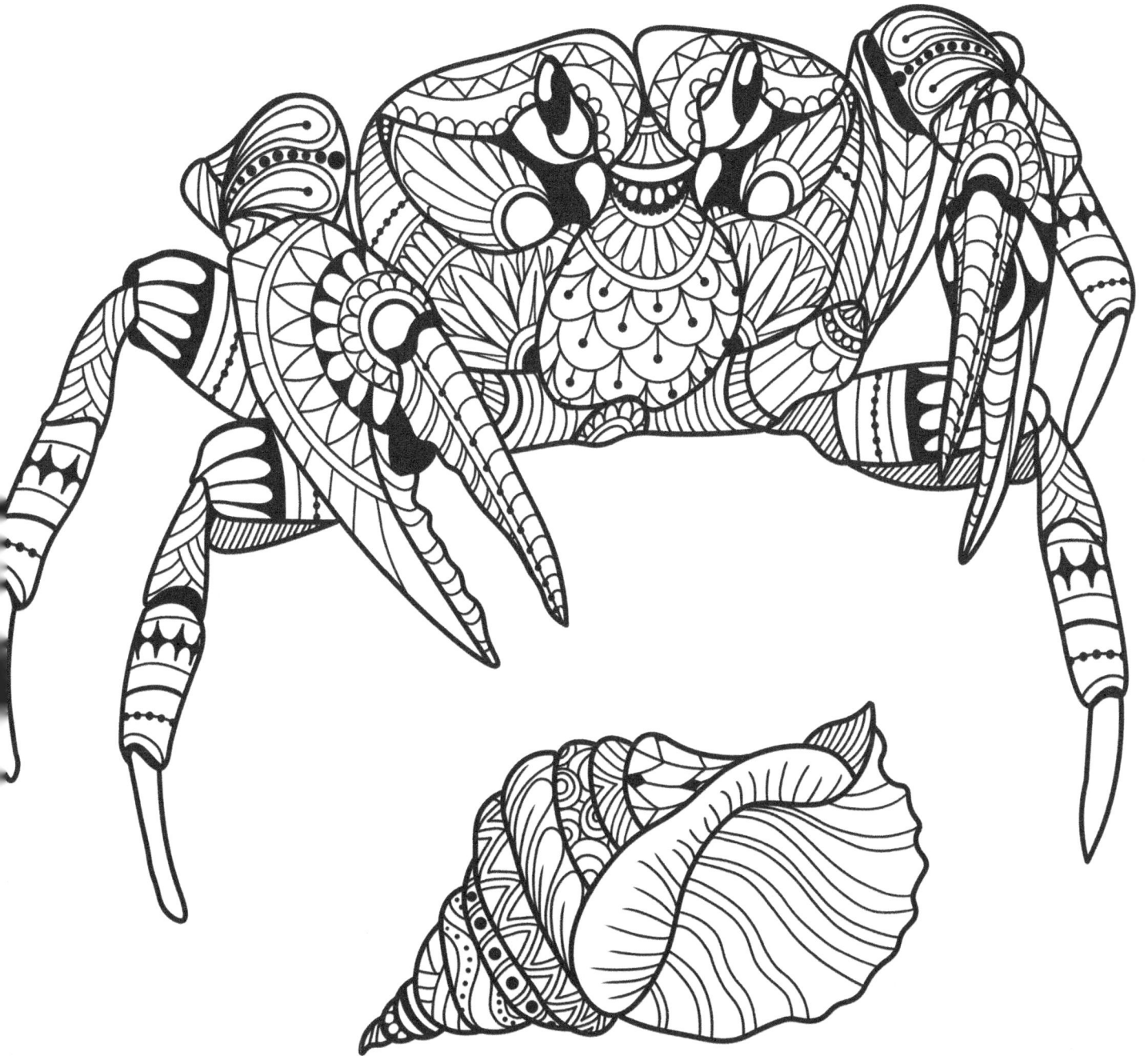

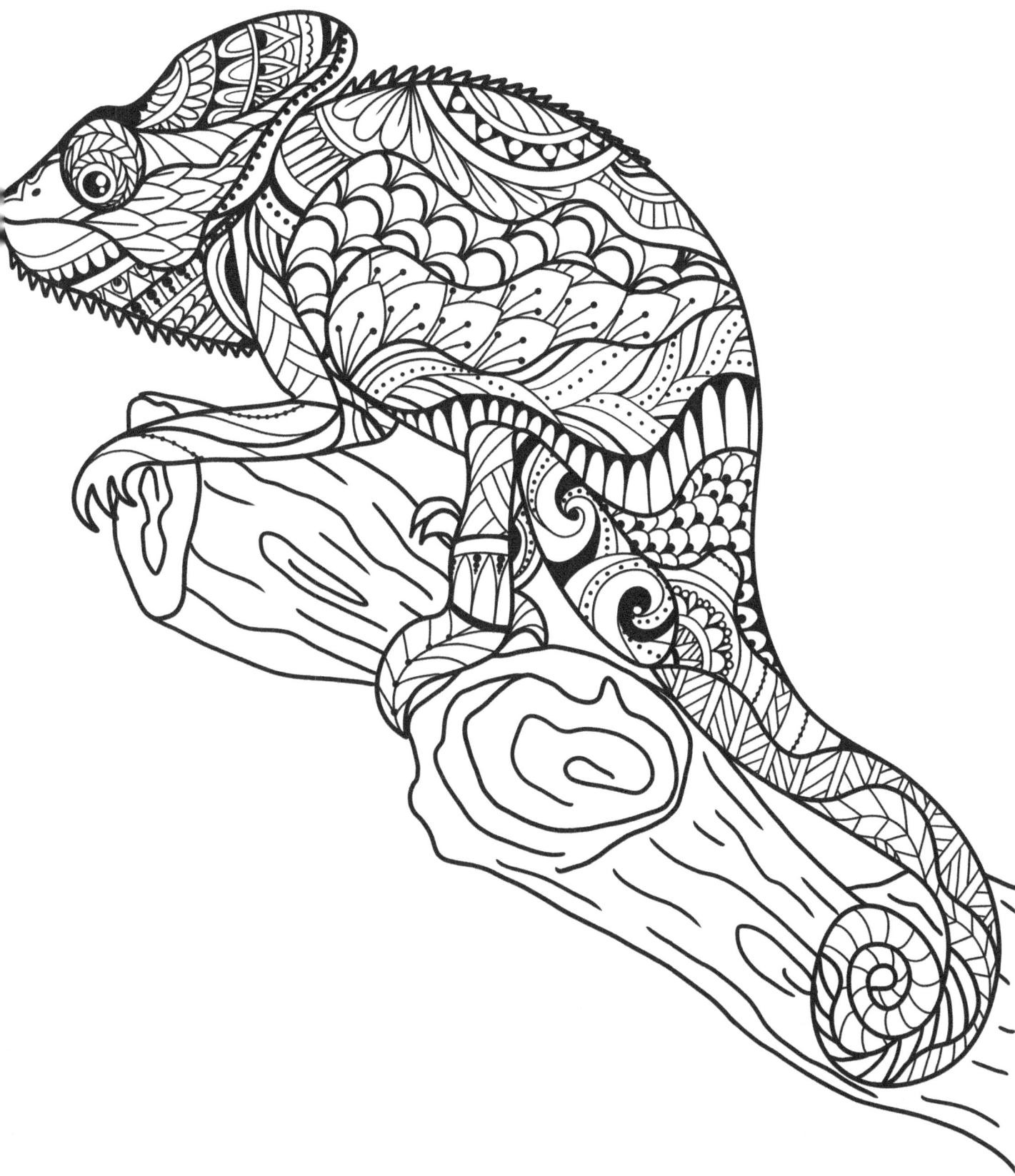

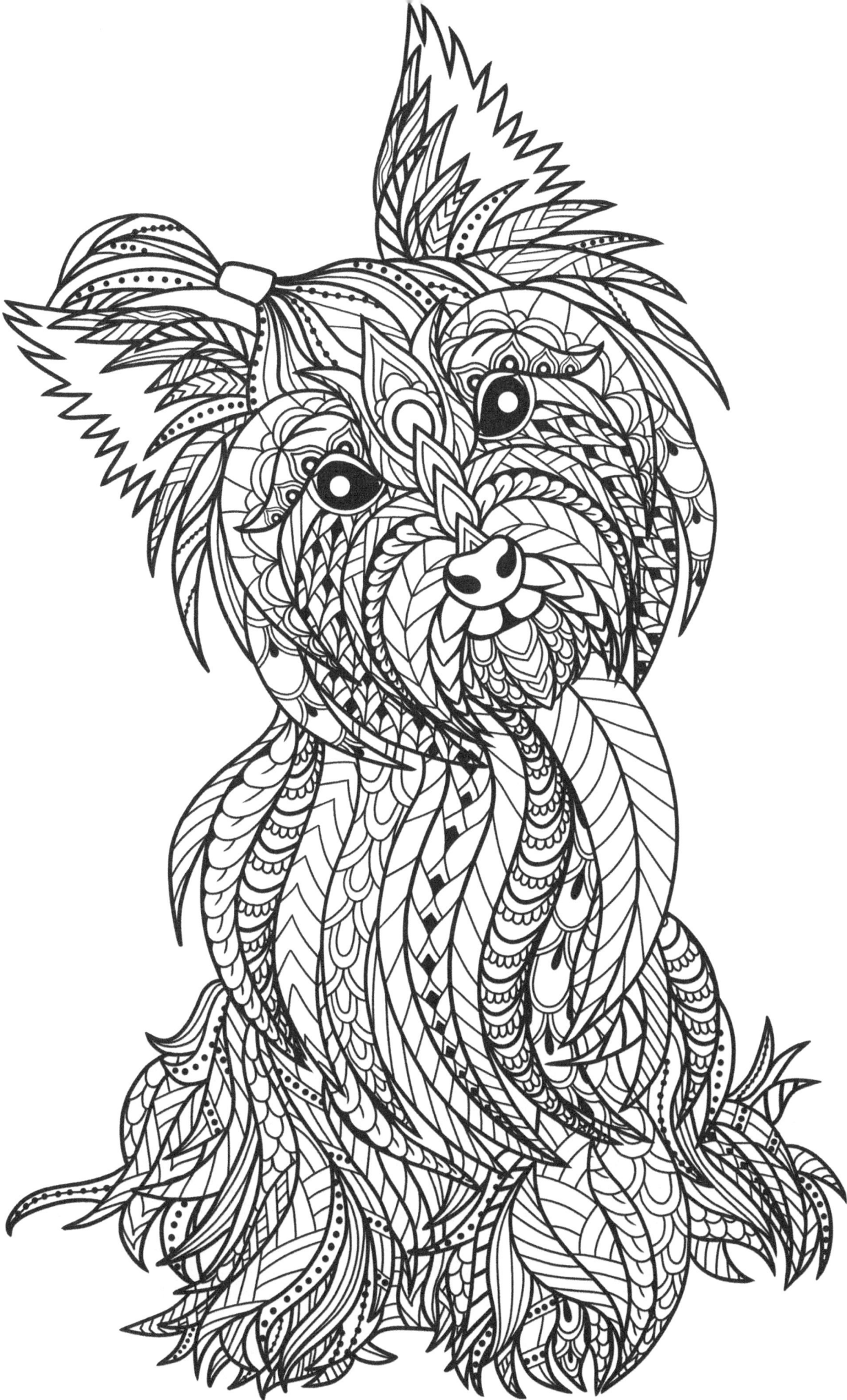

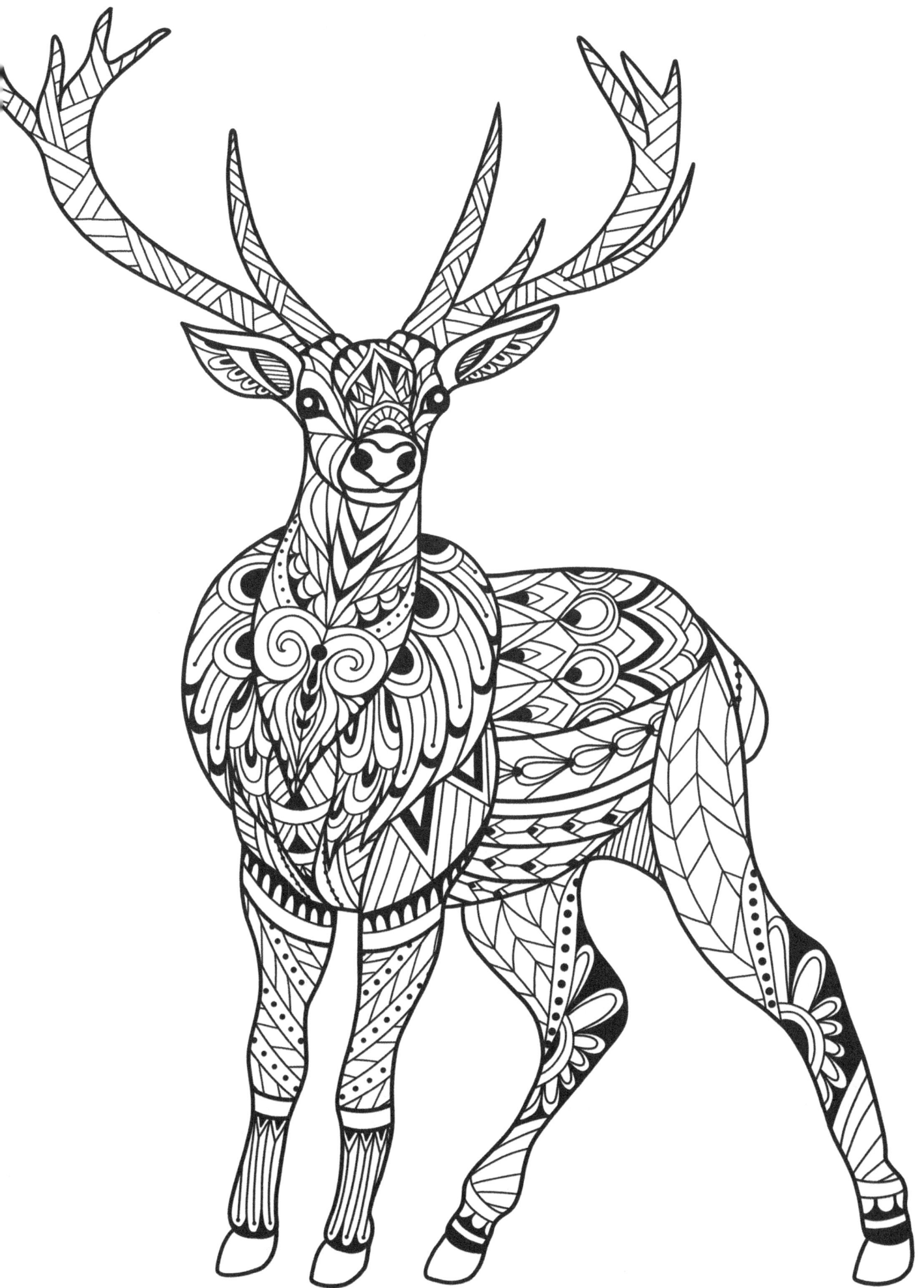

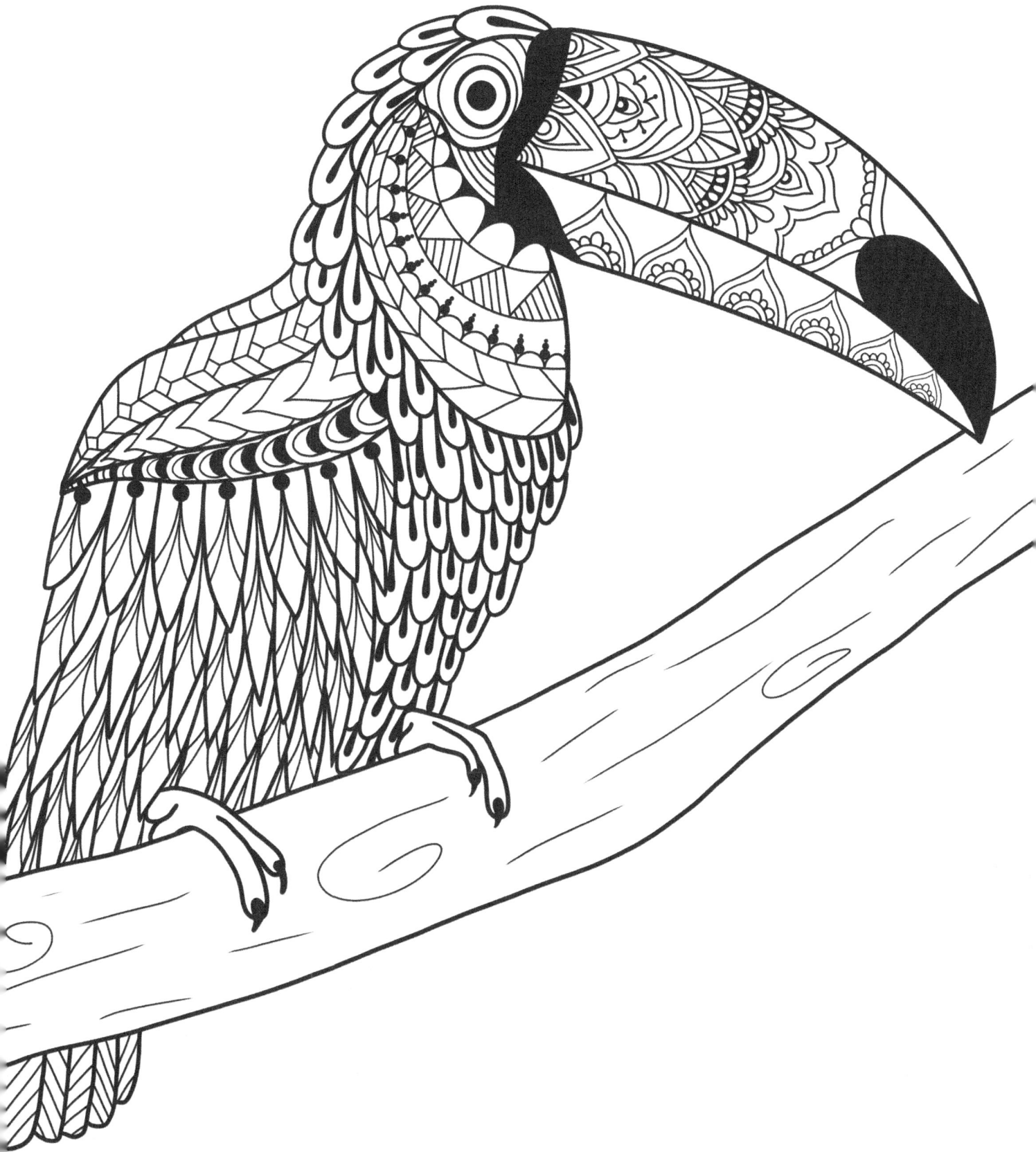

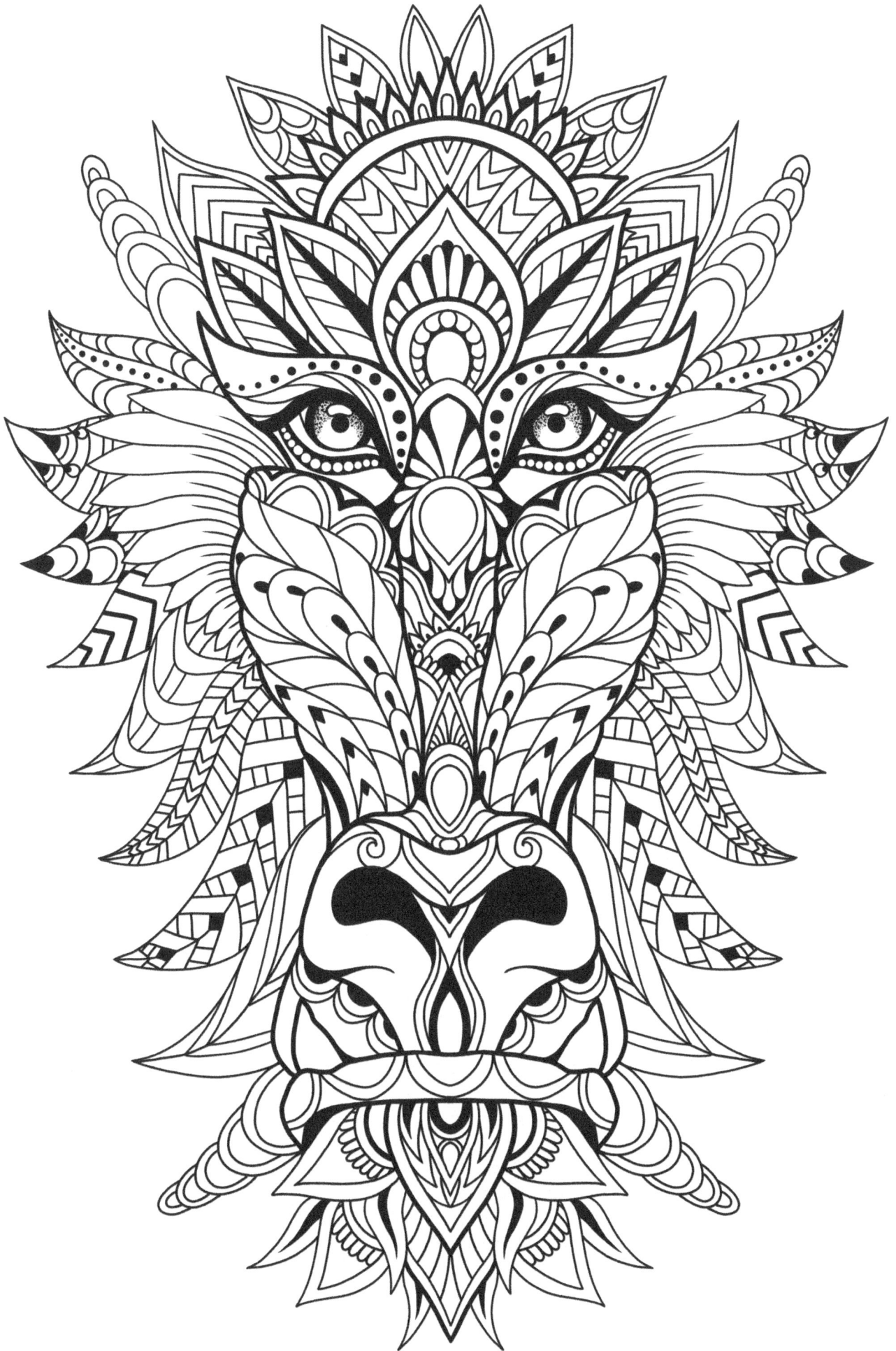

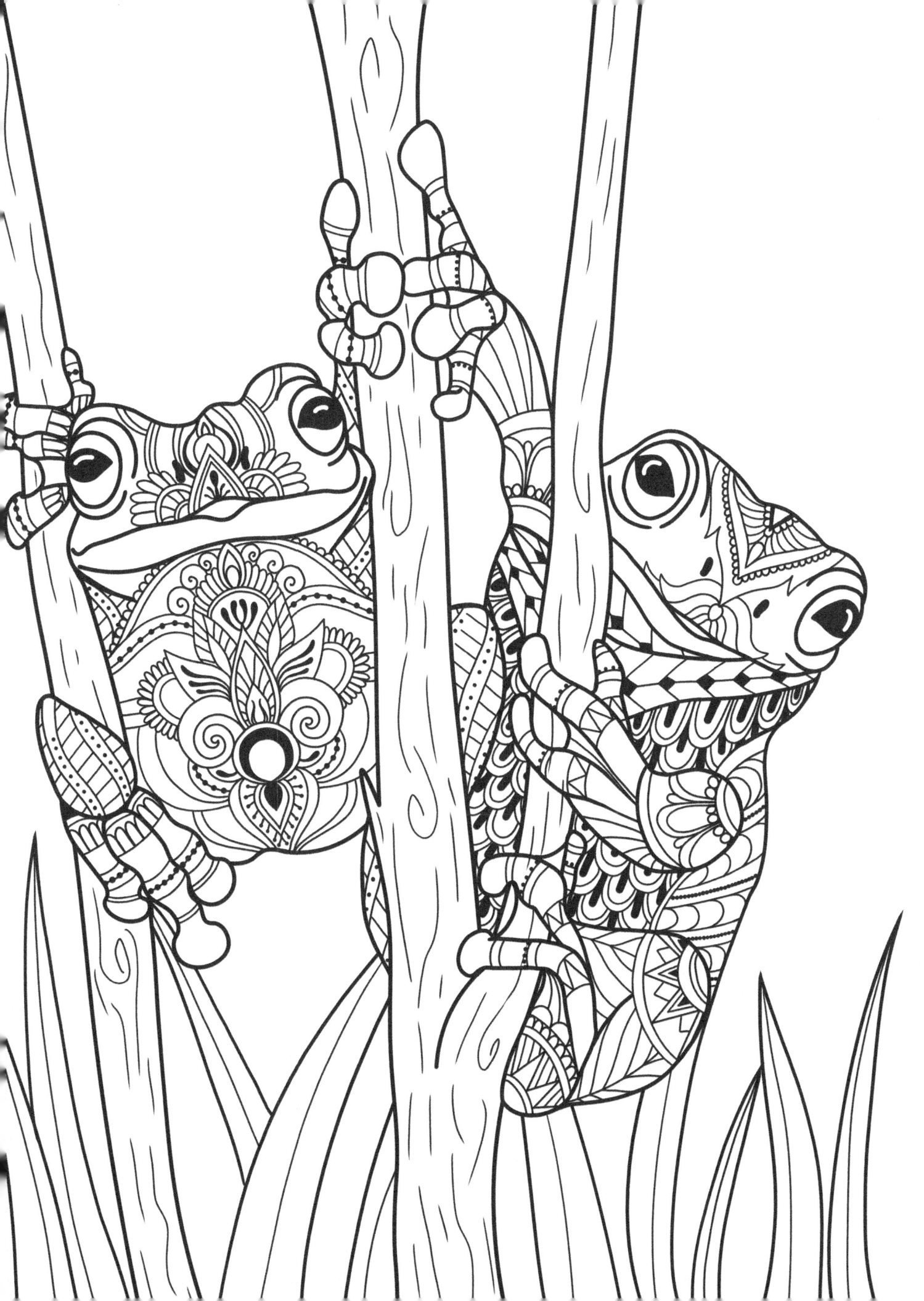

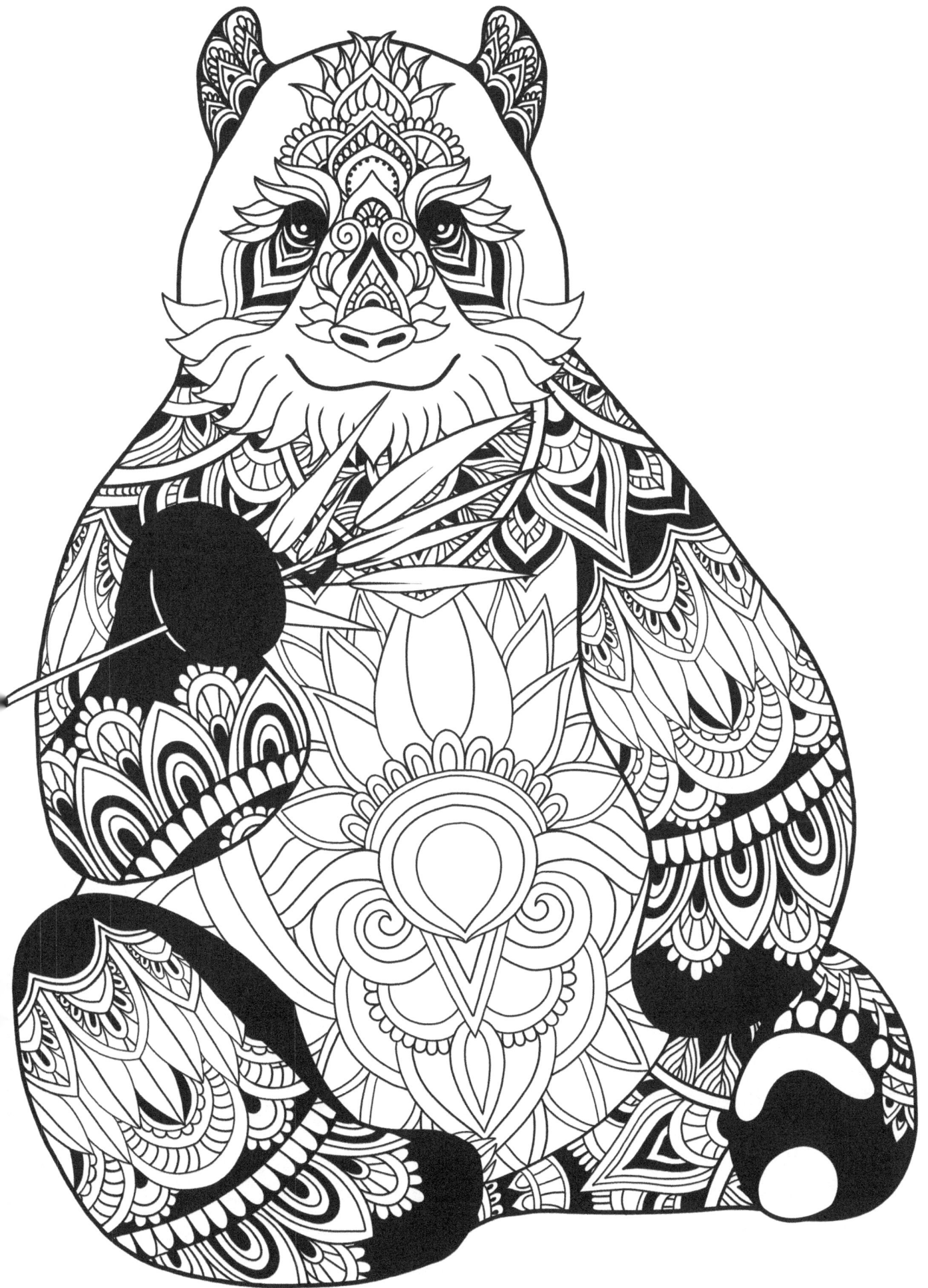

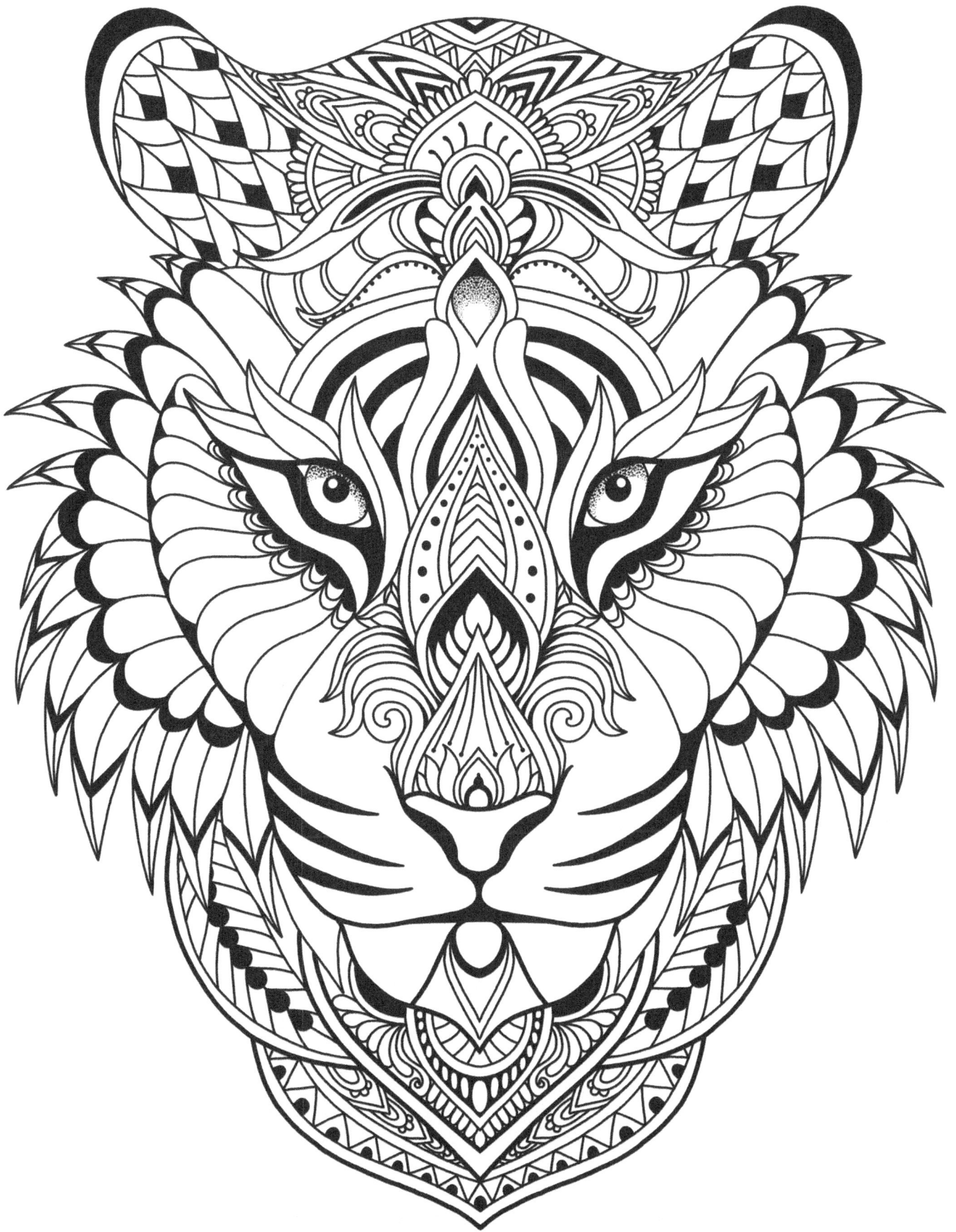

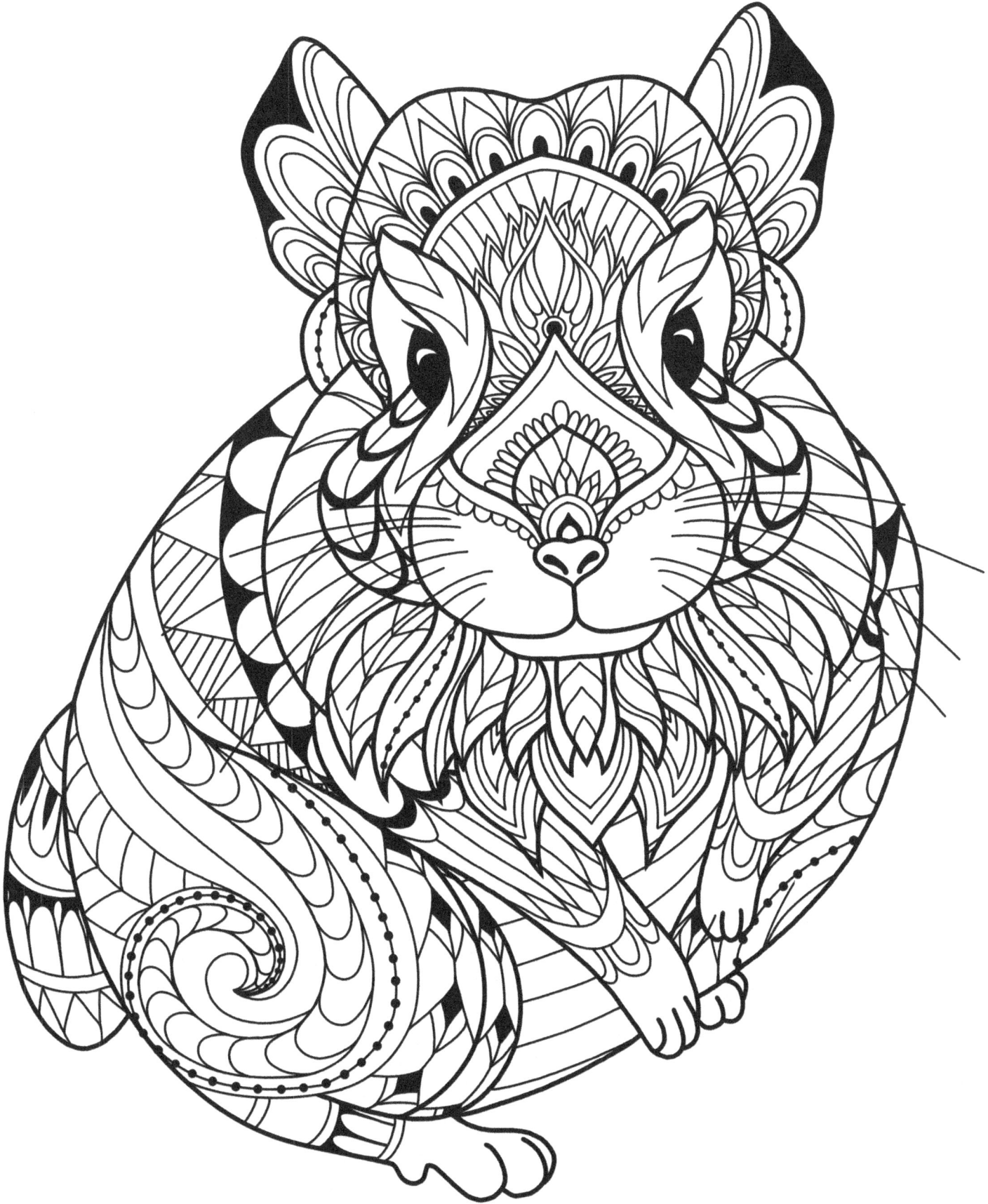

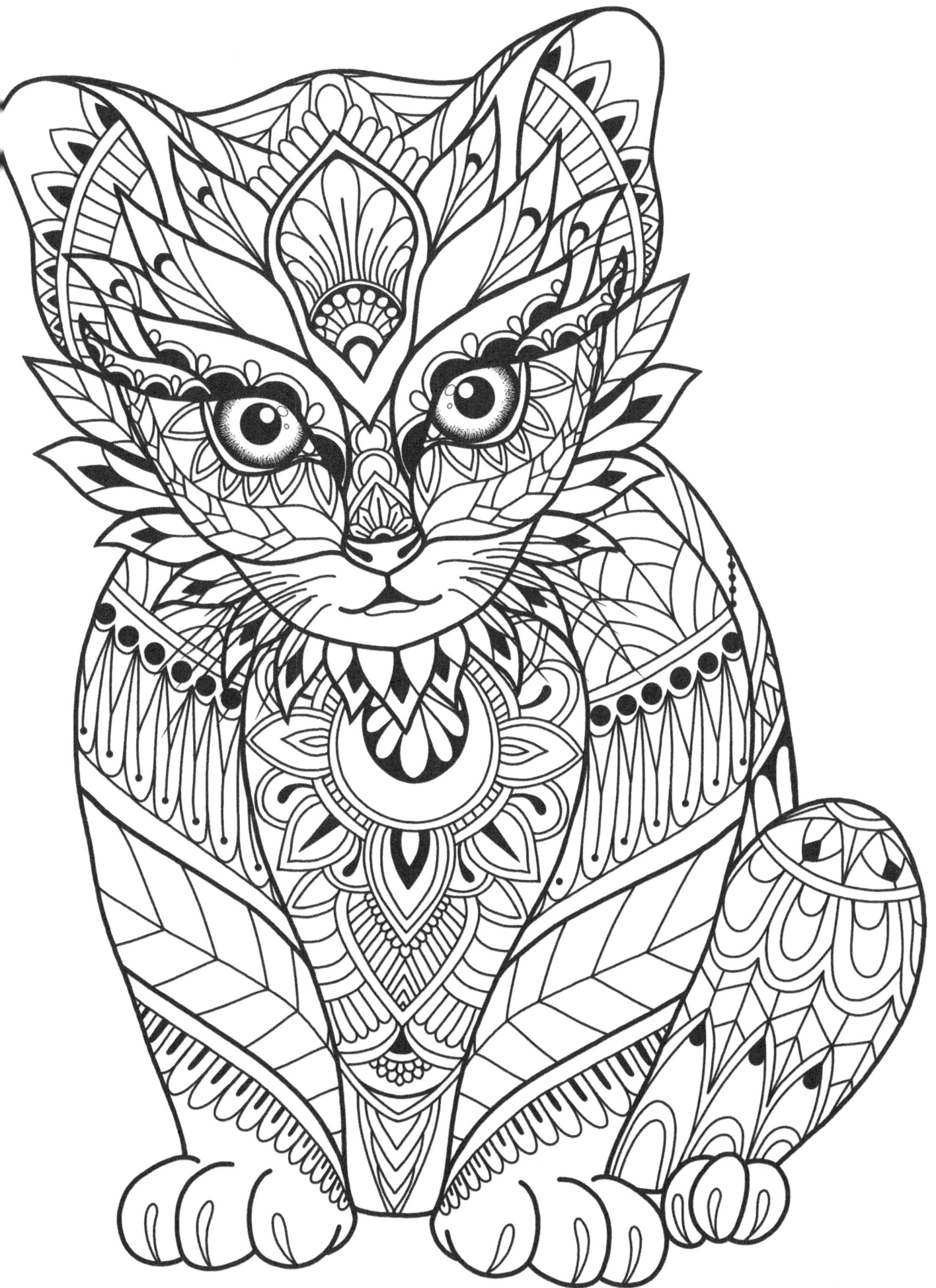

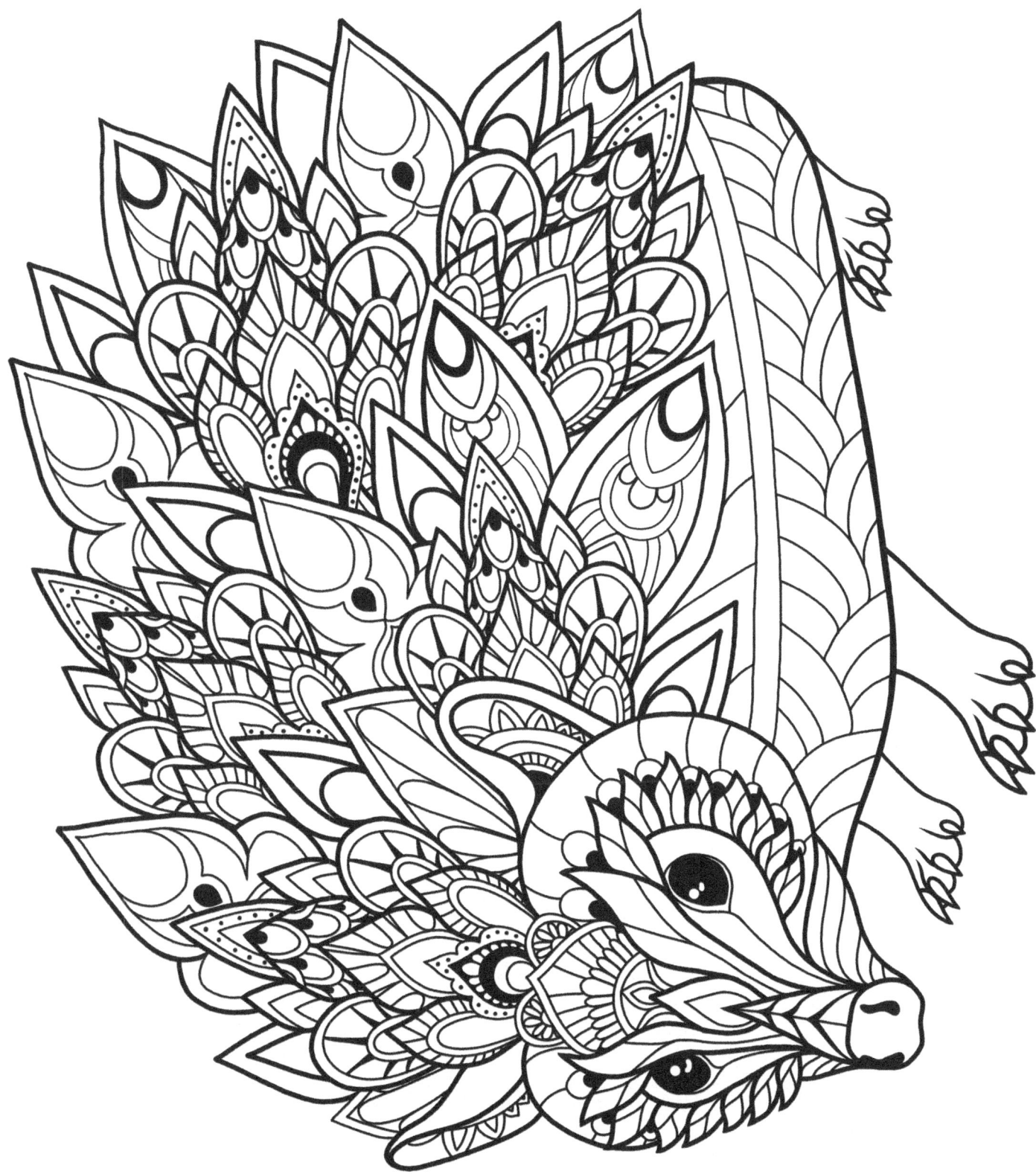

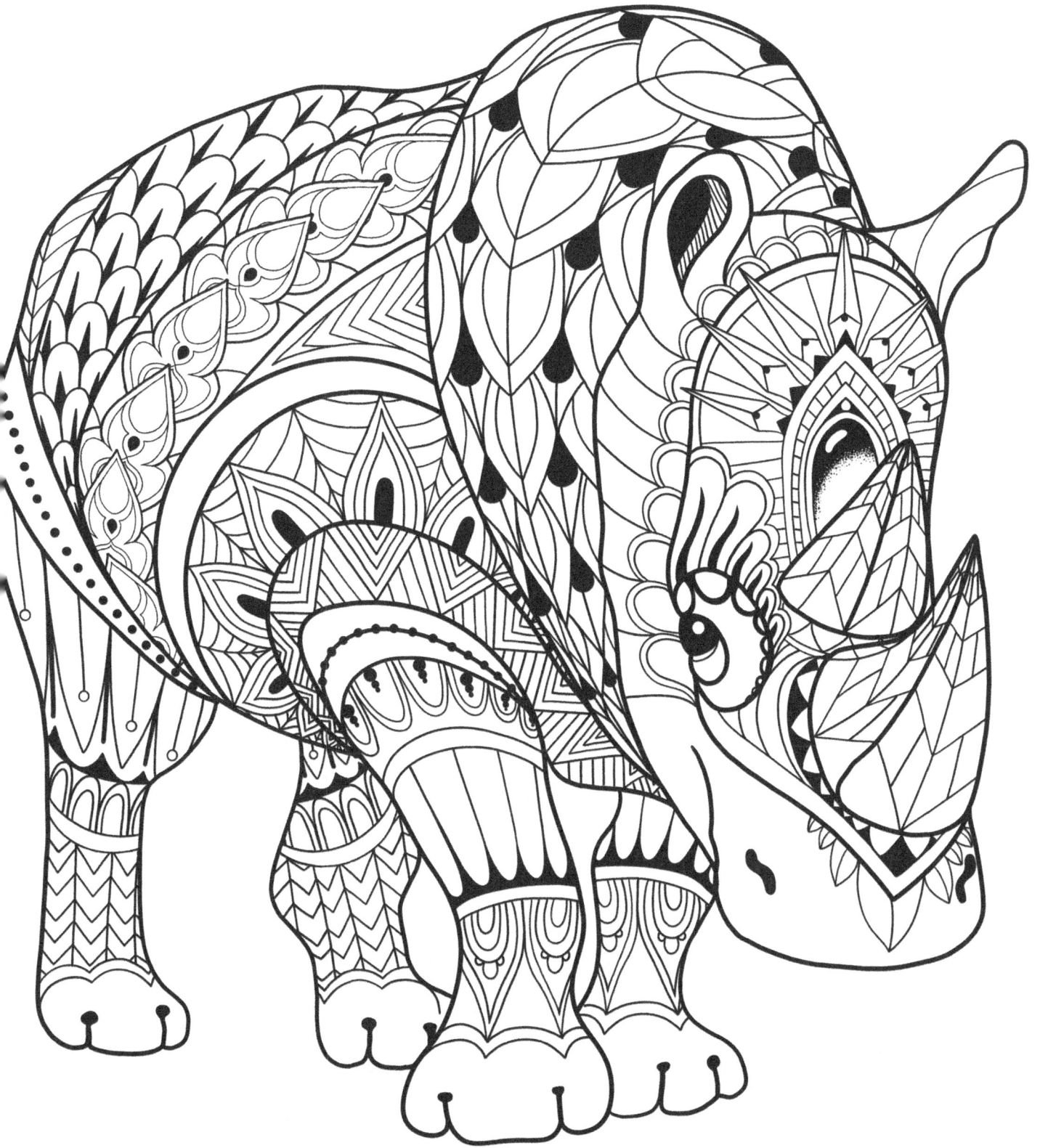

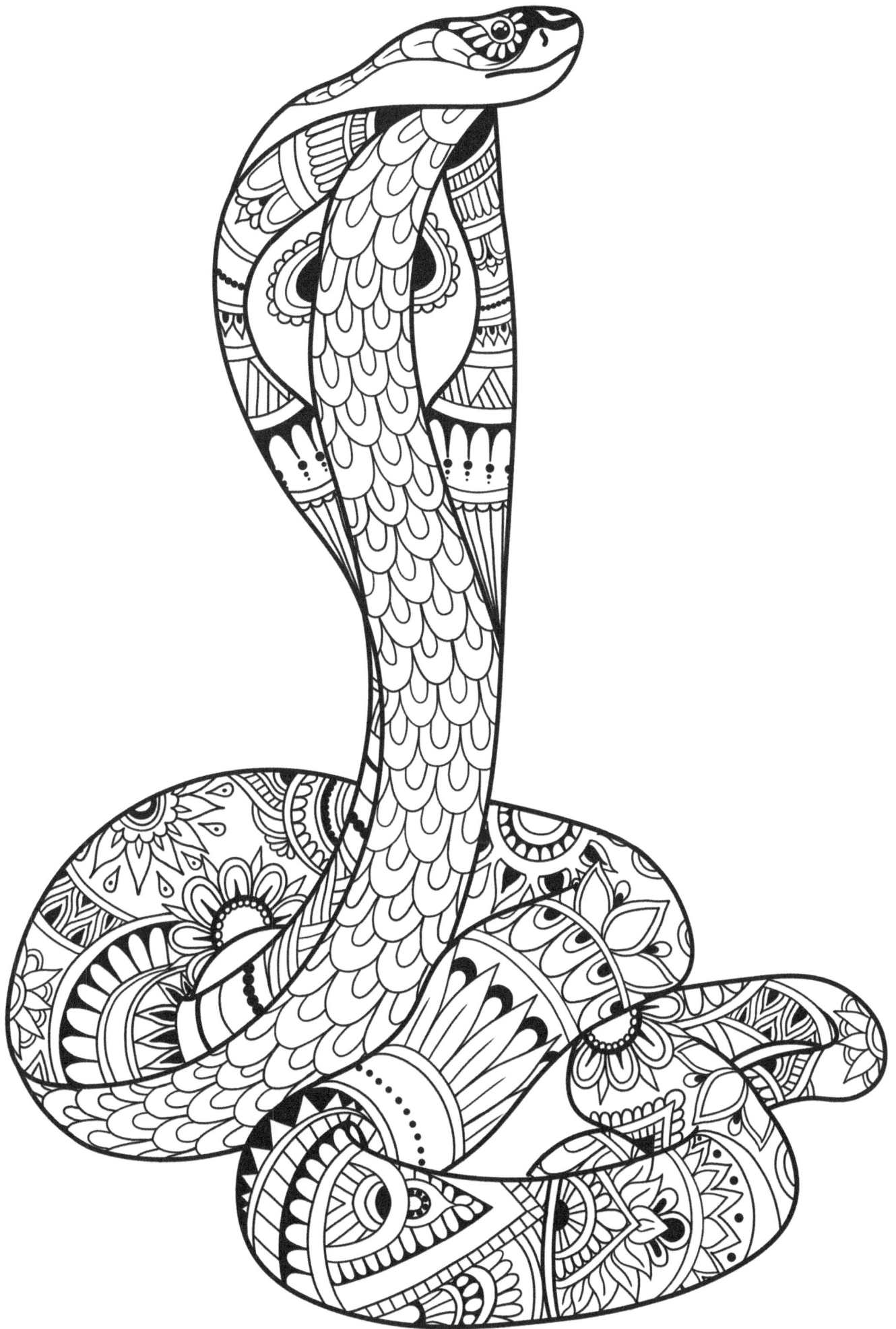

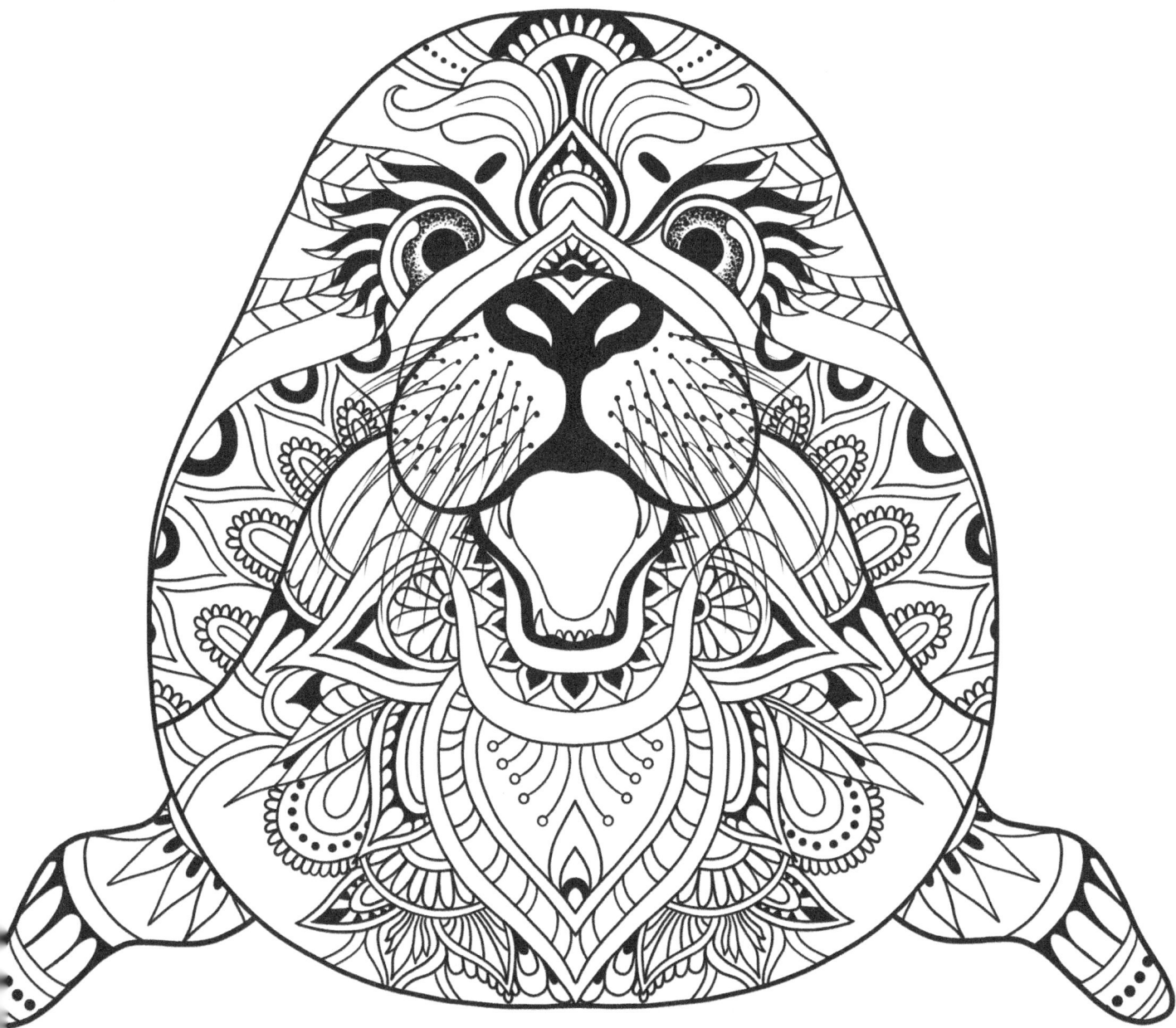

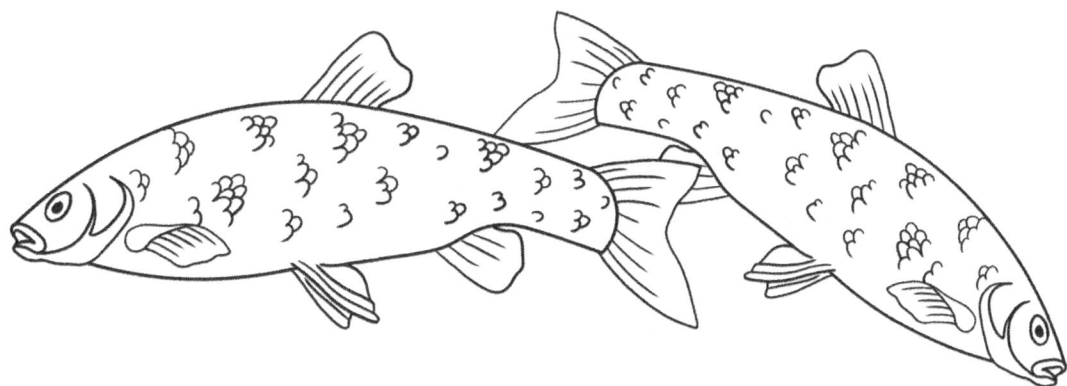

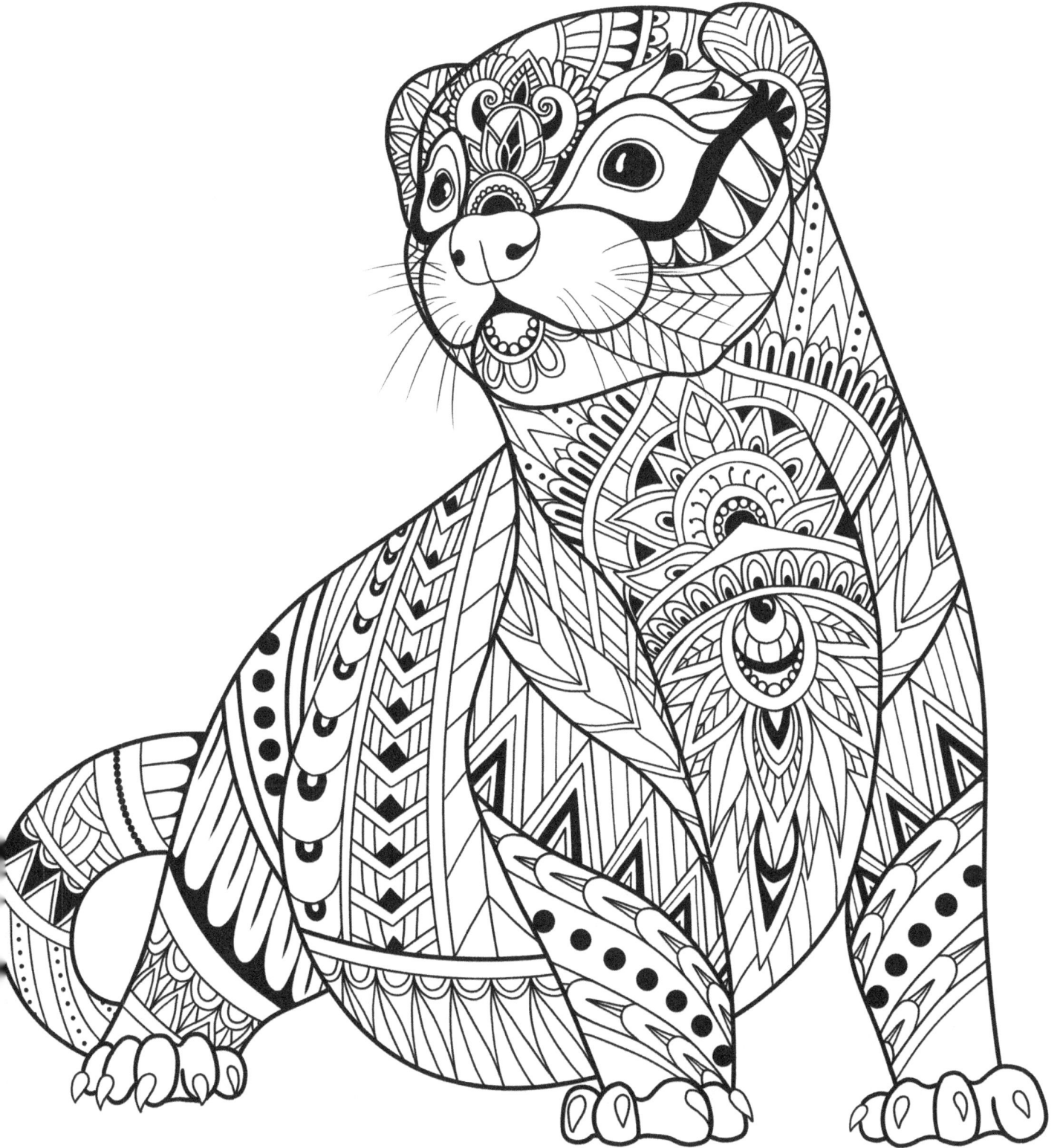

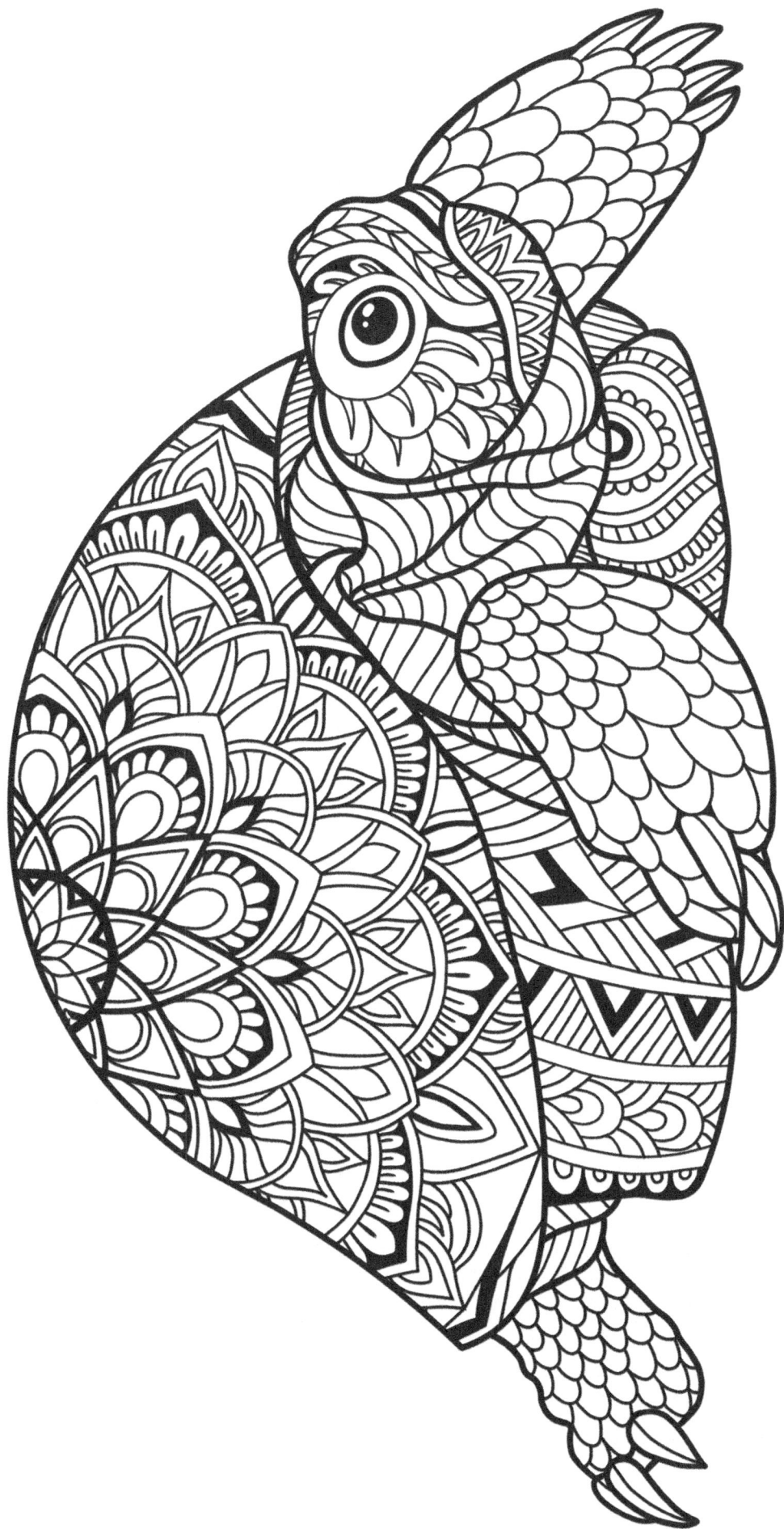

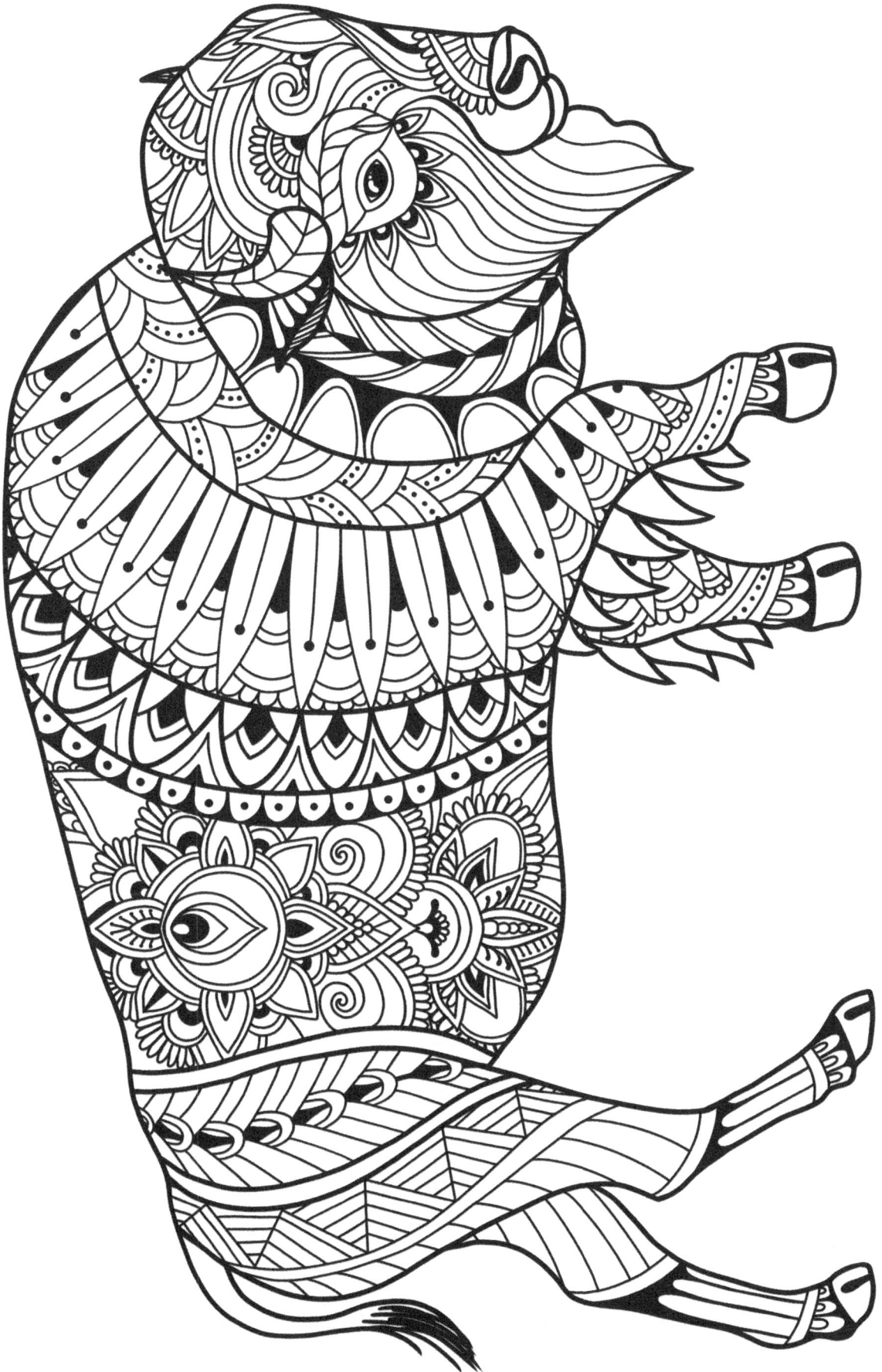

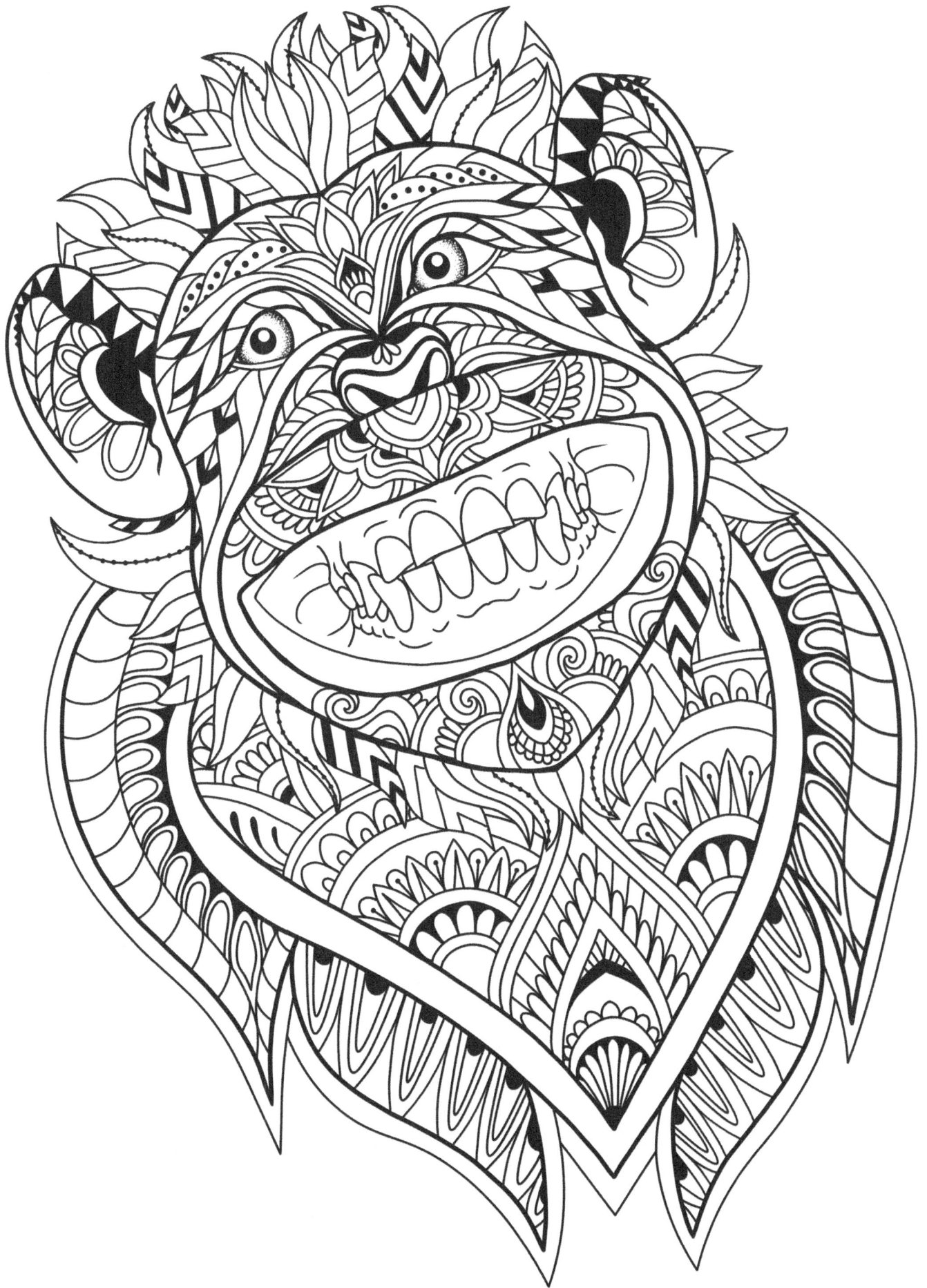

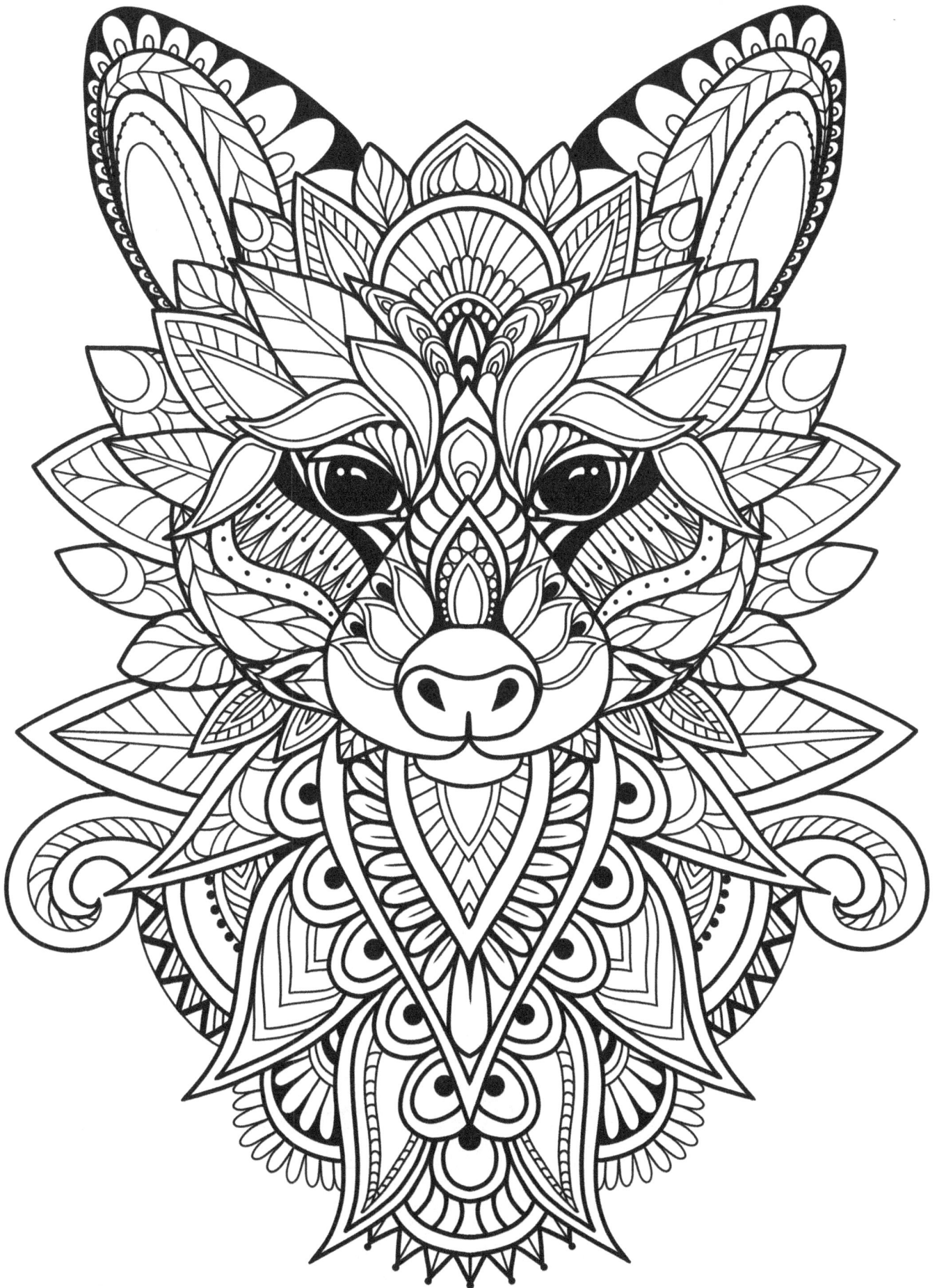

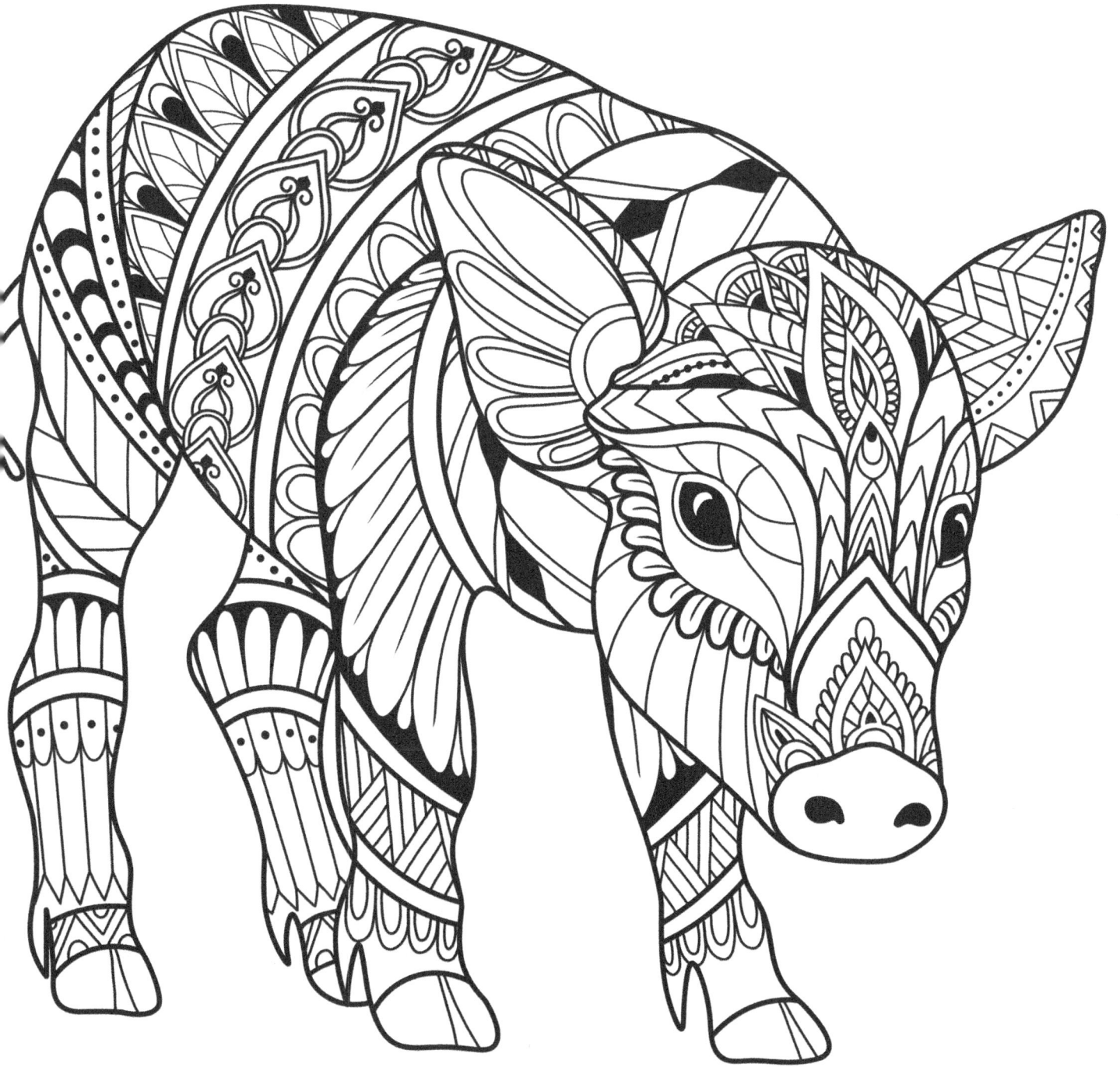

Made in the USA
Las Vegas, NV
18 June 2024